Larousse

ATLAS

ESCOLAR de México y el Mundo

LAROUSSE

EQUIPO EDITORIAL

dirección editorial
Tomás GARCÍA CEREZO

edición
Luis Ignacio DE LA PEÑA
Jesús GARDUÑO LAMADRID

redacción
Rafael MUÑOZ SALDAÑA

cartografía
Santiago MAICAS HERNÁNDEZ
y Netmaps

diseño y formación
Visión Tipográfica Editores, S.A. de C.V.

diseño de portada
Ediciones Larousse, S.A. de C.V. con la colaboración de Creativos SA

coordinación gráfica
Ángel RODRÍGUEZ BRAMBILA y Anne ANDRÉ

fotografía
© JupiterImages Corporation – Foto Disk, S.A. de C.V.
Mayra A. Martínez – Norma Díaz Duncan – Jorge González Rodríguez
Anne André – Durango: Archivo Digital/Prisma
Morelos, Tamaulipas y Nuevo León: Archivo Digital/age fotostock
A1pix, Aci, Aisa, Archivo Spes Editorial, Author's Image, BrandXPictures, Cover /
Corbis, Digital Stock, NASA / JL, Photodisc, Sincronia.

ISBN: 978-607-21-0168-5

© MMX EDICIONES LAROUSSE, S.A. DE C.V.
Renacimiento 180, Col. San Juan Tlihuaca.
Delegación Azcapotzalco, C.P. 02400, México, D.F.

PRIMERA EDICIÓN, MARZO DE 2010

Este obra se terminó de imprimir en Marzo del 2010,
en los talleres de Impresos Rometa
Calle Donizetti No. 193 Col. Vallejo
México, D.F.

VISTA DEL BARRIO FINANCIERO DE JOHANNESBURGO (SUDÁFRICA).

VISTA DE LA CIUDAD DE CUZCO, EN LOS ANDES (PERÚ).

ÍNDICE

SALINAS EN LAS CERCANÍAS DE GOA (INDIA).

UN MEANDRO DEL RÍO RIN CERCA DE COBLENZA (ALEMANIA).

GEOGRAFÍA
BÁSICA

PLANISFERIO FÍSICO

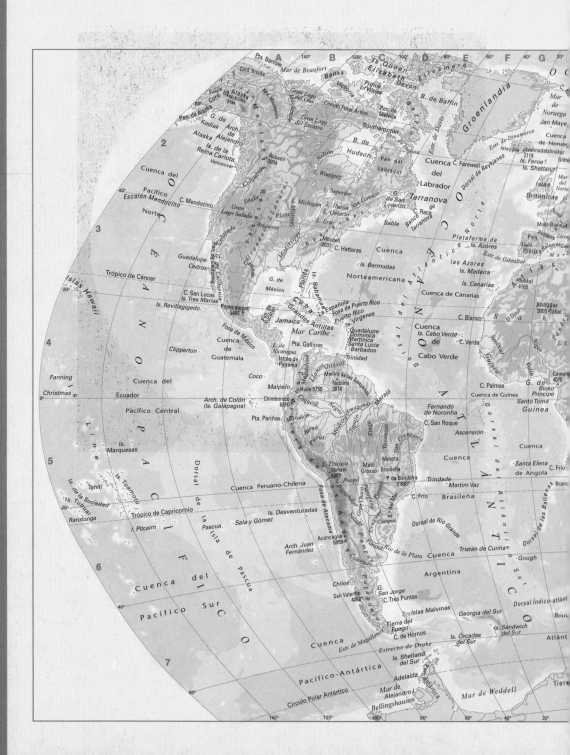

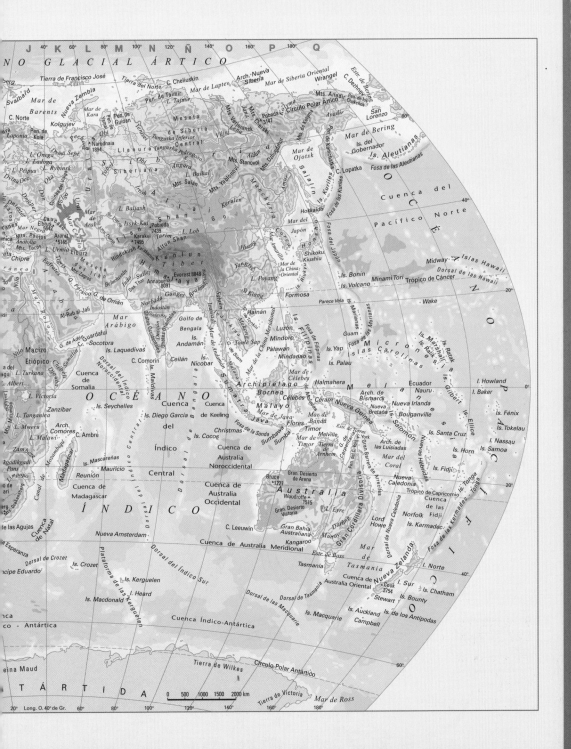

PLANISFERIO CLIMAS

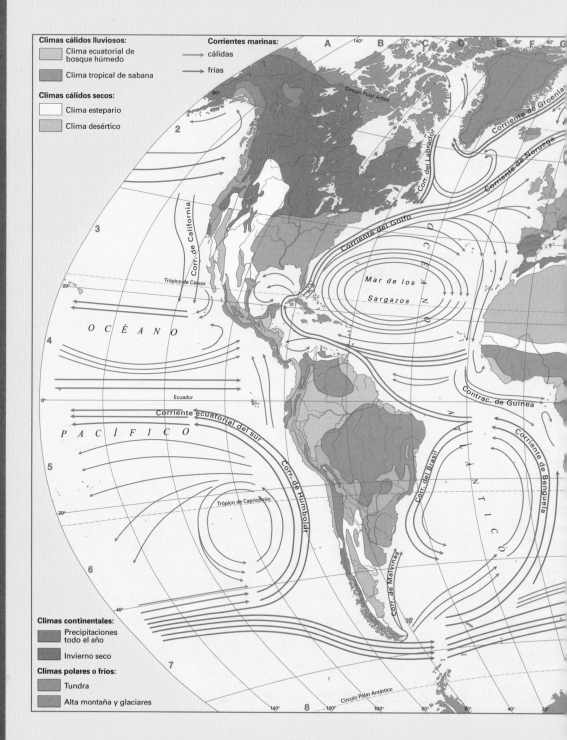

Climas cálidos lluviosos:

Clima ecuatorial de bosque húmedo

Clima tropical de sabana

Climas cálidos secos:

Clima estepario

Clima desértico

Corrientes marinas:

→ cálidas

→ frías

Climas continentales:

Precipitaciones todo el año

Invierno seco

Climas polares o fríos:

Tundra

Alta montaña y glaciares

Círculo Polar Ártico

Corriente de Groenlandia

Corriente de Noruega

Corr. del Labrador

Corriente del Golfo

Mar de los Sargazos

Contrac. de Guinea

Corr. de California

Trópico de Cáncer

O C É A N O

Ecuador

Corriente ecuatorial del sur

P A C Í F I C O

Corr. del Brasil

Corriente de Benguela

Corr. de Humboldt

Trópico de Capricornio

Corr. de Malvinas

A T L Á N T I C O

O C É A N O   A T L Á N T I C O

Círculo Polar Antártico

Climas templados:

Verano seco (mediterráneo)

Invierno seco

Precipitaciones todo el año (oceánico)

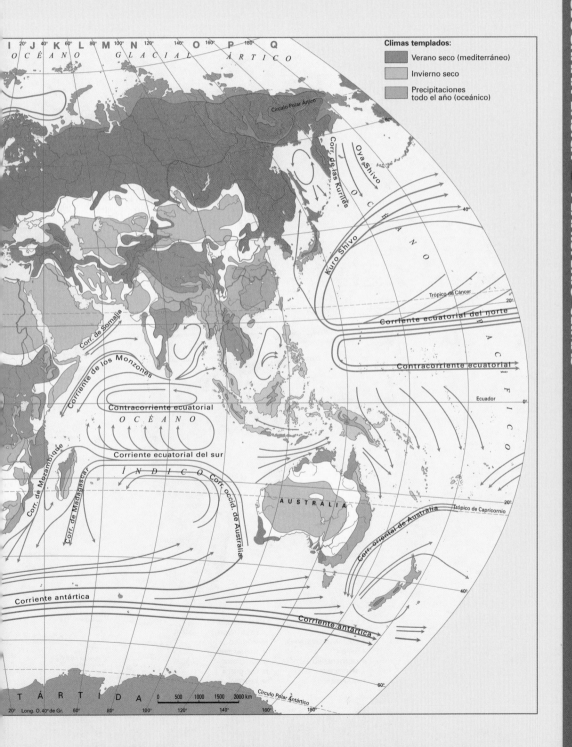

OCÉANO GLACIAL ÁRTICO

Círculo Polar Ártico

Corr. de las Kuriles

Oya Shivo

Kuro Shivo

OCÉANO

PACÍFICO

Trópico de Cáncer

Corriente ecuatorial del norte

Contracorriente ecuatorial

Ecuador

Corr. de Somalia

Corriente de los Monzones

Contracorriente ecuatorial

OCÉANO

Corriente ecuatorial del sur

ÍNDICO

Corr. occid. de Australian

Corr. de Mozambia de

Corr. de Madagascar

AUSTRALIA

Corr. oriental de Australia

Trópico de Capricornio

Corriente antártica

Corriente antártica

TÁRTIDA

Círculo Polar Antártico

0 500 1000 1500 2000 km

20° Long. O. 40° de Gr. 60° 80° 100° 120° 140° 160° 180°

PLANISFERIO POLÍTICO ● GEOGRAFÍA BÁSICA

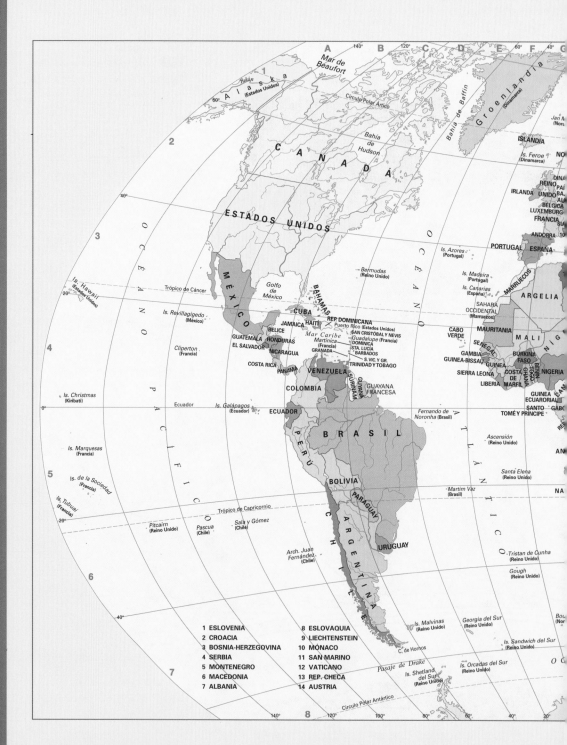

1 ESLOVENIA	8 ESLOVAQUIA
2 CROACIA	9 LIECHTENSTEIN
3 BOSNIA-HERZEGOVINA	10 MÓNACO
4 SERBIA	11 SAN MARINO
5 MONTENEGRO	12 VATICANO
6 MACEDONIA	13 REP. CHECA
7 ALBANIA	14 AUSTRIA

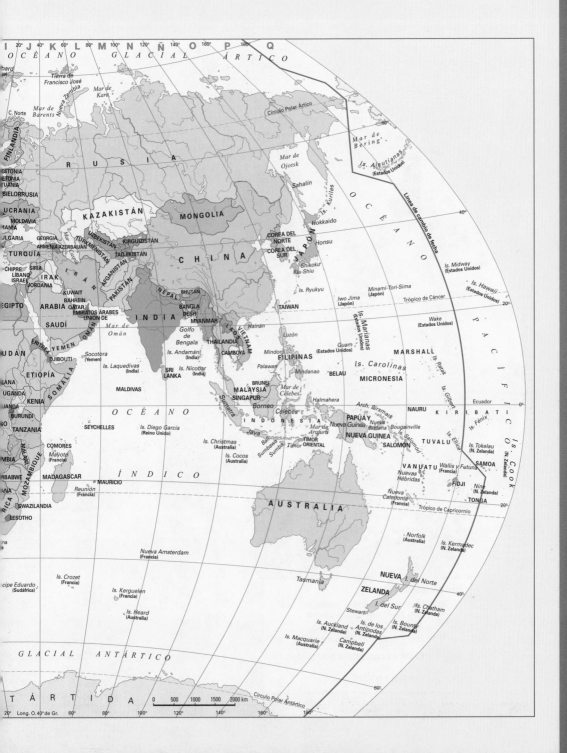

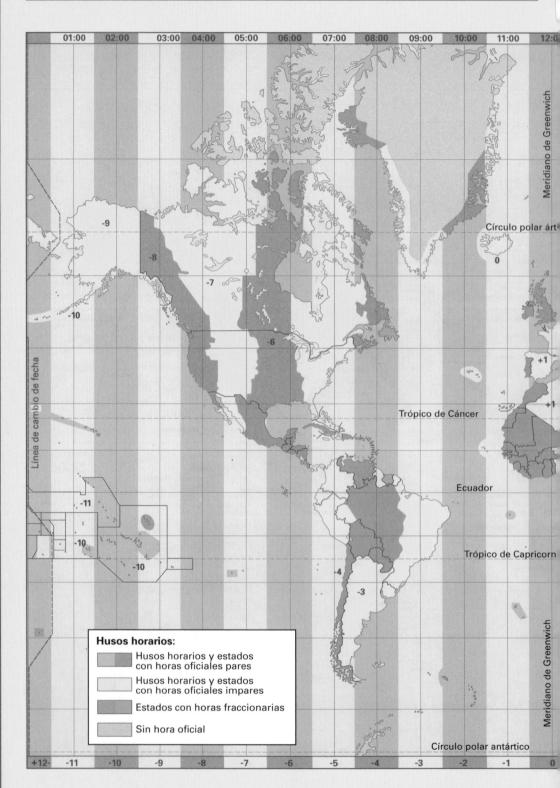

| 01:00 | 02:00 | 03:00 | 04:00 | 05:00 | 06:00 | 07:00 | 08:00 | 09:00 | 10:00 | 11:00 | 12:0 |

Meridiano de Greenwich

Círculo polar árt

-9

-8

-7

-10

-6

0

+1

Trópico de Cáncer

+1

Línea de cambio de fecha

Ecuador

-11

-10

Trópico de Capricorn

-10

-4

-3

Meridiano de Greenwich

Husos horarios:

Husos horarios y estados con horas oficiales pares

Husos horarios y estados con horas oficiales impares

Estados con horas fraccionarias

Sin hora oficial

Círculo polar antártico

| +12- | -11 | -10 | -9 | -8 | -7 | -6 | -5 | -4 | -3 | -2 | -1 | 0 |

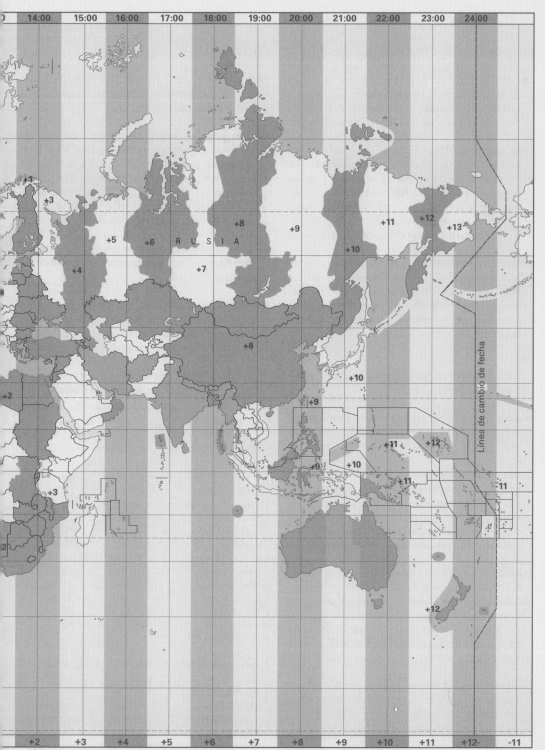

aeropuerto ⇨ VÍAS DE COMUNICACIÓN

altimetría Parte de la topografía que se ocupa de la medición de las elevaciones del terreno. Determina las cotas o alturas que corresponden a cada lugar de una superficie cualquiera.

área metropolitana Espacio muy urbanizado que concentra una gran cantidad de población. Se compone de una ciudad principal y de un conjunto de localidades próximas, estrechamente relacionadas con ésta. A menudo tiene estructura administrativa propia para tratar problemas comunes (transportes, saneamiento, etc.)

arrecifes coralinos Masa rocosa presente en los mares tropicales cuyo crecimiento se debe a la acción de los corales, animales que se acumulan constituyendo una gran masa coralina formada por numerosos esqueletos calcáreos fuertemente unidos.

atlas Colección ordenada de mapas, concebidos para representar determinados espacios y exponer uno o varios temas.

atolón Isla de los mares tropicales formada por arrecifes coralinos que rodean una laguna central.

bahía Entrante del mar en el trazado del litoral, que puede estar muy abierto o cerrado por un paso de mar estrecho. Por lo general, el término bahía se aplica a formas menos amplias que las del golfo, palabra que suele emplearse para entrantes de gran dimensión.

cabo Parte de la tierra que penetra en el mar.

canal navegable Estrecho marítimo, que a veces es obra de la ingeniería humana, destinado al paso de navíos de un mar u océano a otro (canal de Suez, canal de Panamá) o entre ríos o lagos.

capital Ciudad donde se halla el centro del gobierno y de la administración de un estado o de una de sus divisiones territoriales. Suelen ser ciudades con un gran abanico de funciones y amplias áreas de influencia.

carretera ⇨ VÍAS DE COMUNICACIÓN

cartografía Técnica para trazar mapas, reproduciendo, mediante el dibujo, una superficie a una determinada escala.

círculo polar Nombre que recibe cada uno de los paralelos terrestres situados a 66°5' de latitud norte (círculo polar ártico) y a 66°5' de latitud sur (círculo polar antártico). Durante el solsticio de verano, el 21-22 de junio, entre el círculo polar ártico y el polo norte, el día dura 24 horas, y entre el círculo polar antártico y el polo sur, la noche dura 24 horas. Durante el solsticio de invierno, el 21-22 de diciembre, ocurre exactamente lo opuesto al solsticio de verano.

ciudad Núcleo de población de infraestructura urbana compleja e importante número de habitantes, caracterizado por la reunión de actividades diversas, generalmente de los sectores secundario y terciario, opuestas a las actividades del primario, propias del ámbito rural, sobre el que ejerce determinada influencia.

CIUDADES PRINCIPALES	HABITANTES	HABITANTES AGLOMERACIÓN
Chongqing (China)	3 934 000	30 900 000
Nueva York (Estados Unidos)	8 008 300	21 518 900
São Paulo (Brasil)	10 600 060	18 390 800
Distrito Federal (México)	8 720 916	18 327 000
Los Ángeles (Estados Unidos)	3 694 800	17 044 200
Shanghai (China)	9 838 000	16 740 000
Bombay (India)	11 914 398	16 368 100
Pekín (China)	7 441 000	13 830 000
Lagos (Nigeria)	1 518 000	13 427 000
Calcuta (India)	4 580 500	13 216 500
Buenos Aires (Argentina)	2 768 800	11 453 700
Río de Janeiro (Brasil)	5 974 100	11 226 700
Delhi (India)	9 817 400	12 791 400
Tokio (Japón)	8 025 500	12 310 000
Dacca (Bangla Desh)	5 644 200	10 403 500
Manila (Filipinas)	1 581 100	10 352 000
El Cairo (Egipto)	6 933 000	10 345 000
Moscú (Rusia)	10 101 500	— →

Tientsin (China)	5 096 000	10 010 000
Seúl (Corea del Sur)	9 854 000	—
París (Francia)	2 145 800	9 644 500
Chicago (Estados Unidos)	2 896 000	9 501 200
Yakarta (Indonesia)	8 347 100	9 341 400
Karachi (Pakistán)	9 339 000	—
Guadalajara (México)	1 600 940	4 095 853
Monterrey (México)	418 784	3 738 077

clima Conjunto de fenómenos meteorológicos que caracterizan una determinada zona. El clima se deduce de largos periodos de repetidas observaciones, mientras que el tiempo es el estado de la atmósfera en un momento dado. Existen climas fríos (veranos cortos), templados (oceánico [con precipitaciones durante todo el año], continental [con acusadas diferencias de temperatura ente invierno y verano] y mediterráneo [prolongado verano con escasas precipitaciones]) y cálidos (áridos o desérticos [nulas o casi nulas precipitaciones], tropicales [con una estación sin precipitaciones] y ecuatoriales [precipitaciones abundantes durante todo el año]).

comunidad autónoma ⇨ DIVISIÓN ADMINISTRATIVA

continente Gran superficie de tierra rodeada por océanos. Se suelen distinguir los siguientes continentes: Europa y Asia (que de hecho son una única masa continental, denominada Eurasia), África, América y Oceanía, aunque con frecuencia se añade la Antártida.

CONTINENTE	SUPERFICIE (km²)	HABITANTES
Asia	44 670 000	3 807 370 000
América	42 080 000	856 800 000
África	30 210 000	836 340 000
Antártida	13 100 000	—
Europa	10 370 000	654 560 000
Oceanía	8 520 000	33 720 000

conurbación Conjunto de ciudades o aglomeraciones urbanas cercanas unas de las otras, cuyos extrarradios se han unido.

cordillera Cadena de montañas enlazadas entre sí. La mayoría de las cordilleras se pueden agrupar en dos grandes sistemas: el Alpino-Himalayo, euroasiático, y el de los Andes-Rocosas, americano.

corriente marina Desplazamiento de masas de agua en la superficie o en las profundidades de los océanos o mares. Frías o cálidas, son de gran importancia para el clima.

costa Tierra que bordea mares o lagos.

cuenca hidrográfica Superficie de terreno avenada por un río y sus afluentes. Las aguas de una cuenca hidrográfica convergen en un río principal que las evacúa hacia un lago, mar u océano.

delta Zona de aluviones acumulados en la desembocadura de los ríos, de forma aproximadamente triangular.

demografía ⇨ POBLACIÓN

desfiladero Paso estrecho entre montañas cuyas paredes poseen una pendiente próxima a la vertical.

desierto Área de extensión variable con escasa o nula población, vegetación y fauna debido a un clima árido, sin precipitaciones.

división administrativa Cada una de las partes en que se divide, con fines administrativos, un Estado independiente; posee un rango inferior al de ese. La comunidad autónoma es la denominación que recibe la principal división administrativa española, que puede ser, según la Constitución de 1978, una región o una nacionalidad, a la que se otorga autonomía política y asume una serie de competencias. Cada comunidad autónoma está formada por una o varias provincias; la provincia es una agrupación de municipios, división territorial para el cumplimiento de las actividades del Estado. En otros estados, las divisiones administrativas principales reciben la denominación de estado, provincia, región, distrito o departamento.

ecuador Círculo máximo de la esfera terrestre, que la divide en dos hemisferios (norte o boreal y sur o austral) y equidista de los polos de la Tierra.

endorreísmo Afluencia de las aguas de un territorio hacia el interior de éste, sin que lleguen al mar.

equinoccio Momento del año en el que el eje de la Tierra forma un ángulo recto con una línea que pasa por el centro de la Tierra y por el Sol. Cada año tienen lugar dos equinoccios, el de primavera (21-22 de marzo) y el de otoño (22-23 de septiembre), durante los cuales el hemisferio norte y el sur están igualmente iluminados por el Sol y en ambos la duración del día y la noche es la misma.

escala Relación que existe entre la distancia medida sobre un mapa y la distancia correspondiente sobre el terreno. Por ejemplo, cuando 1 centímetro en un mapa corresponde a 100 kilómetros reales la escala es 1: 10 000 000.

estación Cada uno de los cuatro periodos del año que hay de un solsticio a un equinoccio o de un equinoccio a un solsticio. En el hemisferio norte, cada estación (invierno, primavera, verano, otoño) sigue al solsticio o equinoccio al que da nombre.

Estado Organización política de un territorio independiente, donde ejerce el poder legal; se denomina también así el propio territorio. En algunos estados la principal división administrativa recibe también este nombre.

estrecho Paso que comunica mares u océanos.

ferrocarril ⇨ VÍAS DE COMUNICACIÓN

fiordo Antiguo valle glaciar invadido por el mar.

fosa o **fosa oceánica** Depresión estrecha y alargada, generalmente arqueada, del fondo de los océanos.

fosa tectónica Estructura geológica de la corteza terrestre que se ha hundido a causa de la fractura de una capa geológica o falla.

frontera Límite convencional o natural de un territorio. La de carácter internacional corresponde a los límites de un Estado, fijados por un acuerdo con el Estado contiguo. Todas las divisiones administrativas internas de los estados tienen también unos límites, perfectamente definidos. Las fronteras administrativas a veces coinciden con las naturales, que son las formadas por un accidente geográfico (cordillera, río, etc.).

geografía Ciencia que estudia la localización y distribución en el espacio de los diferentes elementos de la superficie de la Tierra. Mientras la geografía física se ocupa del estudio del medio natural, la geografía humana estudia la presencia de los hombres y de sus actividades en el territorio. Suele considerarse a la geografía, por lo tanto, como una ciencia de síntesis que estudia las relaciones entre el hombre y el medio.

geopolítica Estudio de las influencias mutuas existentes entre los factores geográficos y las situaciones políticas internacionales, generadas por las relaciones entre estados.

glaciar Acumulación de hielo que se mueve por la acción de la gravedad, fluyendo con movimientos lentos y continuos.

golfo ⇨ BAHÍA

hemisferio ⇨ ECUADOR

hidrografía Rama de la geografía física que estudia las aguas marinas y continentales. El conjunto de procesos naturales que tienen lugar durante el traslado incesante del agua entre los océanos, la atmósfera y los continentes recibe el nombre de ciclo del agua.

huso horario Espacio, delimitado por dos meridianos, que tiene la misma hora. La superficie de la Tierra está dividida en 24 husos horarios correspondientes a 24 meridianos equidistantes.

isla Porción de tierra rodeada de agua por todas partes.

ISLAS PRINCIPALES	SUPERFICIE (km^2)
Groenlandia (Dinamarca)	2 175 600
Nueva Guinea (Indonesia y Papúa Nueva Guinea)	785 000
Borneo (Indonesia, Malaysia y Brunei)	736 000
Madagascar	587 000
Baffin (Canadá)	476 000
Sumatra (Indonesia)	420 000
Gran Bretaña (Reino Unido)	229 900
Honshu (Japón)	227 400
Mallorca (España)	3 640
Tiburón (México)	1 208

istmo Porción de tierra que une dos continentes o una península a la masa continental.

lago Masa de agua dulce o salada acumulada en un sector deprimido de la corteza terrestre.

LAGOS PRINCIPALES	SUPERFICIE (km^2)
Superior (Estados Unidos, Canadá)	84 100
Victoria (Uganda, Kenia, Tanzania)	68 100
Hurón (Estados Unidos, Canadá)	61 800
Michigan (Estados Unidos)	58 000
Aral (Kazakistán, Uzbekistán)	34 000
Tanganica (R. D. del Congo, Tanzania, Zambia, Burundi)	31 900
Gran Lago del Oso (Canadá)	31 800
Baikal (Rusia)	31 500
Malawi o Nyassa (Malawi, Tanzania, Mozambique)	30 800

latitud Distancia en grados que hay entre un punto de la superficie terrestre y el ecuador, medida por el ángulo que forman la línea imaginaria que va del ecuador al centro de la Tierra y la que va del punto deseado al centro de la Tierra.

longitud Distancia en grados que hay entre un punto de la superficie terrestre y el meridiano 0° (meridiano de Greenwich), medida por el ángulo que forman la línea imaginaria que va del meridiano 0° al centro de la Tierra y la que va del punto deseado al centro de la Tierra.

mapa Representación geográfica, generalmente plana y a escala, de fenómenos localizables en el espacio evidenciados por signos convencionales.

mar Extensión de agua salada que está encerrada en mayor o menor medida por masa continental. Su extensión es menor que la de los océanos y, en general, forman parte de ellos.

MARES PRINCIPALES	SUPERFICIE (km^2)
Mar del Coral	4 791 000
Mar Arábigo	3 683 000
Mar de la China Meridional	3 447 000
Mar Caribe	2 754 000
Mar Mediterráneo	2 505 000
Mar de Bering	2 270 000
Mar de Ojotsk	1 580 000
Mar de Noruega	1 547 000
Mar de Groenlandia	1 205 000
Mar de Arafura	1 037 000

marisma Terreno pantanoso cercano a la costa, generalmente junto a la desembocadura de un río.

meridiano Semicírculo de la esfera terrestre que va del polo Norte al polo Sur. El meridiano de Greenwich es el elegido convencionalmente como principio para determinar las longitudes geográficas de la Tierra.

meseta Extensión considerable de terreno bastante llano y elevado.

montaña Elevación natural y grande del terreno. Suele considerarse alta montaña a las altitudes que superan los 3 000 metros.

PRINCIPALES MONTAÑAS DE ASIA	ALTURA (m)
Everest (Himalaya)	8 848
Tirich Mir (Hindu kush)	7 690
Karakul (Pamir)	7 495

PRINCIPALES MONTAÑAS DE AMÉRICA	ALTURA (m)
Aconcagua (Andes)	6 959
McKinlay (Montes de Alaska)	6 194
Pico de Orizaba o Citlaltépetl (Cordillera Neovolcánica)	5 747 →

Principales montañas de África	Altura (m)
Kilimanjaro	5 895
Kenia	5 199
Ruwenzori	5 109
Principales montañas de Europa	**Altura (m)**
Elbrus (Cáucaso)	5 642
Mont Blanc (Alpes)	4 807
Mulhacén (Sierra Nevada)	3 478
Principales montañas de Oceanía	**Altura (m)**
Wilhelm (Nueva Guinea)	4 509
Mauna Kea (Hawai)	4 205
Monte Cook (Alpes neozelandeses)	3 764

morrena Materiales arrancados, transportados y depositados por un glaciar. La terminal o frontal se encuentra amoldada al extremo del glaciar.

océano Vasta extensión de agua salada que separa los continentes. El conjunto de océanos cubre alrededor de tres cuartas partes de la superficie de la Tierra.

Océano	Superficie (km²)
Pacífico	179 650 000
Atlántico	106 100 000
Índico	74 900 000
Ártico	14 060 000

país Territorio en el que se desarrolla un pueblo o una nación. A veces se utiliza como sinónimo de Estado.

paralelo cada uno de los círculos imaginarios de la esfera terrestre, paralelos al ecuador y que sirven para medir las latitudes geográficas de la Tierra.

parque nacional Extensión de terreno acotada y protegida por un Estado para preservar su flora, fauna y paisaje. Existen otras categorías (parque natural, parque regional, reserva natural) por las que la administración protege espacios naturales.

península Porción de tierra rodeada de agua por todas partes, excepto por una, que la une al continente (istmo).

planisferio Mapa en el que la esfera del globo está representada en su totalidad.

población Conjunto de individuos que habitan en un territorio determinado. La evolución y características generales de la población humana conforman el objeto de estudio de la demografía. La población urbana, a diferencia de la rural, es el conjunto de los habitantes que habitan en ciudades. Las migraciones de población, que consisten en el cambio de residencia a otro país o región, se deben, principalmente, a causas económicas o políticas.

polo Cada uno de los puntos del globo terrestre donde confluyen el eje de rotación del planeta con la superficie de éste. En los polos (polo norte y polo sur) convergen todos los meridianos.

producto interno bruto (PIB) Valor total de los bienes y servicios generados en un territorio durante un periodo de tiempo determinado. El PIB por habitante es el resultado de dividir dicho valor por el número de habitantes del territorio considerado.

provincia ⇨ DIVISIÓN ADMINISTRATIVA

proyección cartográfica Sistema utilizado para representar la superficie de la Tierra, esférica, en un plano.

pueblo Conjunto urbano más pequeño y con menos población que una ciudad y que en general se encuentra en el medio rural.

puerto ⇨ VÍAS DE COMUNICACIÓN

puerto de montaña Paso entre montañas de una cordillera, generalmente estrecho y a bastante altitud, donde se unen dos vertientes opuestas y por el que se comunican dos valles.

punto cardinal Cada uno de los cuatro que dividen el horizonte en cuatro partes, y que sirven para orientarse (norte, sur, este y oeste).

región Territorio dotado de unidad debido a sus características físicas (región natural), históricas o económicas. En algunos estados es el nombre que recibe cada una de sus divisiones administrativas.

relieve Conjunto de formas que tiene la superficie terrestre.

río Curso de agua continua que desemboca en otro curso, en un lago o en el mar.

RÍOS PRINCIPALES	LONGITUD (km)	SUPRFICE DE LA CUENCA (km²)
Nilo	6 671	2 867 000
Amazonas-Ucayali	6 280	7 050 000
Yangtsé	5 800	1 826 700
Mississippi-Missouri	5 620	3 328 000
Obi-Irtish	5 410	2 975 000
Huang He	4 845	771 000
Río de la Plata-Paraná	4 700	3 140 000
Mekong	4 500	810 000
Amur	4 416	1 855 000
Lena	4 400	2 490 000
Mackenzie	4 241	1 760 000
Congo	4 200	3 690 000
Níger	4 160	2 092 000
Yeniséi	4 092	2 580 000
Volga	3 531	1 360 000
Indo	3 180	1 165 500
San Lorenzo	3 058	1 550 000
Río Bravo	3 034	580 000
Sir Daria	2 991	219 000
São Francisco	2 900	631 000
Brahmaputra	2 900	400 000
Danubio	2 860	817 000
Lerma	1 270	47 116
Balsas	770	117 406
Yaqui	410	75 540

rotación Movimiento de la Tierra alrededor de su eje, es decir, sobre sí misma. El tiempo que tarda en dar una vuelta completa determina la duración del día.

sector económico Clasificación de las actividades económicas humanas, según su naturaleza. En el sector primario se incluyen las actividades productoras de materias no elaboradas (minas, pesca, etc), en el secundario las que transforman las materias no elaboradas (industria) y en el terciario las relacionadas con los servicios (administración, comercio, educación, etc).

solsticio Momento del año en el que el eje de la Tierra presenta su inclinación máxima respecto al Sol. Cada año tienen lugar dos solsticios, el de invierno (22-23 de diciembre), cuando el hemisferio sur es el que se encuentra inclinado hacia el Sol y el día tiene la máxima duración (en el hemisferio norte la mínima), y el de verano (22-23 de junio), cuando es el hemisferio norte el que tiene su máxima inclinación hacia el Sol y duración del día (en el sur la mínima).

Tierra Planeta del sistema solar en el que habita el ser humano. Su forma es esférica y ligeramente achatada por los polos. En líneas generales, se considera que la Tierra está dividida en tres capas. Su núcleo, en el centro, tiene unos 3 400 kilómetros de radio y su composición no se conoce con exactitud, aunque se sabe que es de materiales muy densos. Alrededor del núcleo se encuentra el manto, una capa de unos 2 900 kilómetros de espesor y de un material más o menos viscoso. La corteza terrestre es la capa más superficial de la Tierra y representa alrededor del 1% de la masa total del planeta. Una capa gaseosa envuelve el planeta, la atmósfera.

LA TIERRA EN CIFRAS	
Superficie	510 250 000 km²
Tierras emergidas	149 600 000 km²
Circunferencia ecuatorial	40 076 km
Circunferencia polar	40 009 km
Diámetro ecuatorial	12 756 km
Diámetro polar	12 713 km
Radio ecuatorial	6 378 km
Radio polar	6 356 km
Volumen	1 083 319 780 000 km³
Masa	$5{,}98 \times 10^{24}$ kg
Distancia media Tierra-Sol	149 509 000 km
Distancia media Tierra-Luna	384 363 km
Población	6 188 790 000 hab.

topografía Técnica que sirve para determinar la forma y dimensiones de la superficie terrestre y representarla gráficamente.

traslación Movimiento de la Tierra alrededor del Sol. El tiempo que tarda la Tierra en llevar a cabo una revolución completa determina la duración de un año.

trópico Cada uno de los dos paralelos terrestres situados a 23° 27' de latitud norte (trópico de Cáncer) y a 23° 27' de latitud sur (trópico de Capricornio). En cualquier parte del planeta al norte del trópico de Cáncer y al sur del trópico de Capricornio, el sol nunca se hallará en el cenit.

valle Depresión de terreno alargada entre montañas o mesetas elevadas, en cuya parte más baja se encuentra un curso de agua.

vegetación Conjunto de plantas que pueblan una determinada zona. La vegetación natural es la que, por su clima, corresponde a una determinada área geográfica, sin tener en cuenta la acción del hombre, que la ha modificado profundamente. En las zonas de clima frío la vegetación natural es la tundra (líquenes, gramíneas y árboles enanos) y la taiga (bosque de abedules, abetos, etc.) y en las de clima templado el bosque frondoso (castaños, hayas, robles, etc.) y el mediterráneo (encinas, pinos, etc.). En las zonas de clima cálido árido la vegetación natural es casi nula en los desiertos o mínima en la estepa (tapiz discontinuo de hierbas), que se transforma en sabana (hierbas altas y bosque claro) y después en selva (bosque denso) cuando el clima pasa a ser tropical y ecuatorial.

vías de comunicación Espacio natural o construido que se utiliza para ir de un lugar a otro. Las vías de comunicación, que pueden ser terrestres, marítimas o aéreas, son utilizadas tanto para el transporte de personas como de mercancías. Las carreteras son vías de comunicación para la circulación rodada y están destinadas al paso de automóviles y camiones.

El ferrocarril es una vía de comunicación terrestre acondicionada para la circulación de trenes y que tiene mucha importancia para el transporte en zonas densamente urbanizadas y para los trayectos de distancias medias. La navegación marítima y fluvial es el conjunto de desplazamientos que se realizan con navíos en el mar, en ríos y en canales navegables. Los puertos marítimos son los espacios naturales o artificiales que proporcionan abrigo a las embarcaciones y están dotados de instalaciones para el embarque y desembarque de pasajeros y mercancías. El aeropuerto, por su parte, es el conjunto de instalaciones destinadas a asegurar la navegación aérea, que constituye el sistema más utilizado para el desplazamiento de pasajeros en las distancias largas.

PUERTOS PRINCIPALES	MERCANCÍAS/AÑO (TONELADAS)
Rotterdam (Países Bajos)	314 650 000
Singapur	313 500 000
Hong Kong (China)	192 500 000
Houston (Estados Unidos)	175 000 000
Nagoya (Japón)	158 000 000
Algeciras (España)	60 920 000
Veracruz (México)	16 025 000
Salina Cruz (México)	13 427 000

AEROPUERTOS PRINCIPALES	PASAJEROS/AÑO
Atlanta (Estados Unidos)	82 700 000
Chicago (Estados Unidos)	73 100 000
Londres (Reino Unido)	66 700 000
Tokio (Japón)	62 700 000
Los Ángeles (Estados Unidos)	58 600 000
Madrid (España)	37 600 000
Ciudad de México (México)	24 243 000
Barcelona (España)	23 900 000

volcán Montaña que resulta de la acumulación de materiales fundidos que salen a alta temperatura del interior de la Tierra.

Nevado de Toluca.

Catedral de Cuernavaca, Morelos, y Escuela Benito Juárez.

Kukulkán, en Chichén Itzá.

Tlaxcala

MÉXICO

Desierto de Sonora

Vista nocturna, Querétaro.

MÉXICO FÍSICO

México, llamado oficialmente Estados Unidos Mexicanos, está situado en América del Norte. Colinda al norte con Estados Unidos de América; al oeste y al sur, con el océano Pacífico; al este, con el Golfo de México y el mar Caribe; y al sureste, con Guatemala y Belice. En la morfología del territorio destacan, al noroeste, la península de Baja California, con el Mar de Cortés o Golfo de California, y al sureste, la península de Yucatán.

Sus coordenadas extremas son: al norte, 32°43'6", en la frontera con Estados Unidos, marcada por el Monumento 206; al oeste, 118°22'00" en la Roca Elefante de la Isla Guadalupe; al este, 86°42'36', en el extremo sureste de la Isla Mujeres; y al sur, 14°32' 27" en la desembocadura del río Suchiate, frontera política y natural con la República de Guatemala. El país cuenta con tres zonas horarias: la del Noroeste (Baja California), la del Pacífico (que abarca los estados de Baja California Sur, Chihuahua, Nayarit, Sinaloa y Sonora) y la Zona Centro para el resto del país.

Su extensión es de 1 964 375 km^2. De éstos, 1 959 248 km^2 corresponden a la superficie continental y 5 127 km^2 al territorio insular. Por sus dimensiones, México es el decimosegundo país más grande del mundo y el quinto mayor de América. Los litorales de su zona continental abarcan un total de 11 122 km. La superficie marítima del territorio nacional se integra por el mar territorial, una franja costera que se extiende 22.2 km a partir de las costas. La línea externa de esa franja se prolonga 370.4 km mar adentro para definir la Zona Económica Exclusiva, un área de tránsito y explotación económica libres para las embarcaciones mexicanas.

DESIERTO DE SONORA

Ordenadas por tamaño las tres mayores islas de México son las siguientes:

1 *Isla Tiburón. Mide 1 200 km² y se ubica en el Golfo de California, o Mar de Cortés, frente a la costa de Sonora. Es una reserva natural.*

2 *Isla Ángel de la Guarda. También en el Golfo de California, mide 931 km². Es una reserva natural.*

3 *Cozumel. Frente a las costas de Quintana Roo, abarca 477 km². Es un área de intensa actividad turística.*

SIERRA TARAHUMARA, CHIHUAHUA.

ESTADOS UNIDOS DE AMÉRICA

de aría

Serranías del Burro

Salado

Llano de los Caballos Mesteños

Golfo de México

25°

Laguna Madre

Sierra Madre Oriental

Peña Nevada 3644 m

Meseta de México

Pánuco

Trópico de Cáncer

CUBA

Canal de Yucatán

Cabo Catoche

20°

Cabo Rojo

Península de Yucatán

Cozumel

Pta. Herrero

Bahía de Campeche

Lago de Chapala

Volcán Citlaltépetl 5610 m

Punta Roca Partida

Punta Frontera

Laguna de Términos

BELICE

85°

Nevado de Colima 4339 m

Presa Infiernillo

Popocatépetl 5452 m

Presa M. Alemán

Istmo de Tehuantepec

Golfo de Honduras

15°

Sierra Madre del Sur

Laguna Superior

S. Madre de Chiapas

Presa de la Angostura

HONDURAS

Golfo de Tehuantepec

GUATEMALA

105°   100°   15°   95°

MÉXICO HIDROGRAFÍA

Por las características de su clima y relieve México cuenta con pocos ríos y lagos de grandes dimensiones. Las penínsulas de Yucatán y Baja California, por ejemplo, carecen de corrientes significativas. La mayoría de ellas se concentra en el centro del territorio.

El río Lerma nace al sureste de Toluca y fluye hacia el noroeste, en un recorrido de 560 km, hasta desembocar en el lago de Chapala. Junto con sus tributarios conforma el sistema fluvial más importante de México y ha dado lugar a asentamientos humanos en el Estado de México, Guanajuato y Jalisco. Los otros sistemas fluviales relevantes son el río Pánuco (508 km), en Veracruz, que desemboca en el Golfo de México y tiene una sección navegable; el río Balsas (771 km), que nace en Puebla, marca el límite entre Guerrero y Michoacán y desemboca en el Océano Pacífico; el sistema Grijalva-Usumacinta, que nace en Guatemala y atraviesa Chiapas y Tabasco para desembocar en la Bahía de Campeche; y el río Papaloapan, que surge en la frontera entre Veracruz y Oaxaca y tiene un curso navegable de 240 km hacia su desembocadura en la Laguna de Alvarado.

En la árida región norte del país los ríos más destacados son el Bravo o Grande del Norte (3 060 km) que define parte de la frontera con Estados Unidos, y su tributario el río Conchos (560 km) en Chihuahua. En la costa del Pacífico cabe mencionar el río Yaqui, que nace en la Sierra Madre Occidental, atraviesa Sonora y desemboca en el Golfo de California, así como los ríos Fuerte y Culiacán.

❶ *Ubicado entre Jalisco y Michoacán, el lago de Chapala tiene un área de 1 080 km² y es el mayor embalse natural de México. Sustenta a once millones de personas y es relevante para varias especies de aves migratorias. Sin embargo, a partir de la década de 1950 decrece aceleradamente a consecuencia de la sobreexplotación, la contaminación, el azolve y los asentamientos en las zonas desecadas.*

BRAZO DERECHO DEL RÍO LERMA.

Situado en el "Anillo de fuego del Pacífico" México es una zona de actividad volcánica. Se ubica sobre la placa de América del Norte cuyos choques con las placas de Cocos, del Pacífico y el Caribe explican el accidentado relieve de algunas regiones. La zona más significativa para la población es el Altiplano, una planicie con alturas promedio de 1 200 msnm, que va del istmo de Tehuantepec a la frontera con Estados Unidos. Al oeste del Altiplano se encuentra la Sierra Madre Occidental, que se extiende 1 250 km y alcanza una altura máxima de 3 340 msnm en el cerro Gordo de Durango. Al este se halla la Sierra Madre Oriental, que avanza 1 350 km y se eleva a 3 700 msnm en la Peña Nevada, entre Nuevo León y Tamaulipas. En el extremo sur del Altiplano se ubica la Cordillera neovolcánica con los volcanes Iztaccíhuatl, Popocatépetl y Xinantécatl. El sistema se completa con las planicies costeras. La del Golfo de México abarca desde la frontera con Texas hasta la Península de Yucatán y sus bajas alturas contrastan con las elevaciones de la Sierra Madre Oriental. La del Pacífico se presenta como una serie de terrazas, mesas y cuencas fluviales.

La llamada Sierra Madre del Sur se extiende desde Puerto Vallarta hasta el golfo de Tehuantepec, con sus valles y cuencas y la franja costera donde se ubican Ixtapa-Zihuatanejo y Acapulco. En el estado de Chiapas destaca la región de los Altos y la Sierra del Soconusco, extensión de los sistemas montañosos de América Central.

Por último, mencionemos el relieve de las penínsulas. En la de Yucatán, al sureste, el terreno calizo es casi plano y la erosión ha dado forma a pozos y cavernas. En la de Baja California el relieve presenta formaciones angostas con base de granito, conocidas como Sierra de Baja California. Del lado del Pacífico sus elevaciones son moderadas; en contraste, en el lado que da al Mar de Cortés destacan las escarpaduras.

Las principales elevaciones de México son:

1 *Pico de Orizaba o Citlaltépetl (5 702 m), en Puebla y Veracruz.*

2 *Volcán Popocatépetl (5 452 m), en el Estado de México, Morelos y Puebla.*

● *Volcán Iztaccíhuatl (5 282 m), en el Estado de México y Puebla.*

● *Volcán Teyotl (4 660 m), en Puebla.*

● *Nevado de Toluca o Xinantécatl (4 564 m), en el Estado de México.*

NEVADO DE TOLUCA.

Por las diferencias de altitud que marca el relieve, los climas de México varían radicalmente entre zonas cercanas. Los cambios, sin embargo, no son abruptos y se presentan como transiciones. El Altiplano tiene, en general, zonas templadas (con temperaturas de 12 a 18°C) y semicálidas (de 18 a 22°C) y variaciones estacionales de apenas 5°C. Sus regiones norte y central son áridas y semiáridas; las más secas reciben una precipitación anual de 300 milímetros. En la región sur la precipitación se incrementa hasta 600 mm anuales y su mayor cantidad se presenta en verano.

En el norte hay temperaturas extremas en el verano (superiores a 40°C) y el invierno (inferiores a 0°C). El noroeste, incluyendo la península de Baja California y la llanura costera de Sonora, es una región árida y recibe menos de 130 mm anuales de lluvia (en la zona del río Colorado la precipitación anual es menor a 50 mm). La región norte de la costa del Golfo es semiárida y recibe entre 250 y 560 mm anualmente. Como ocurre con el Altiplano, la precipitación aumenta en la zona sur de ambas costas.

El Trópico de Cáncer señala el límite norte de los trópicos y atraviesa el país a la mitad, por lo que la mitad sur de México tiene clima tropical con una temporada seca y otra lluviosa. En las regiones costeras las temperaturas se ubican entre 21 y 27° C y su precipitación pluvial, más intensa entre mayo y octubre, alcanza entre 1 500 y 2 000 mm al año. En la costa del Golfo las lluvias son más profusas y regulares que en la del Pacífico. En las dos costas se presentan ciclones tropicales en la temporada que va de mayo a noviembre; sin embargo, son más frecuentes en la región del Golfo y el Caribe.

El sur del país tiene un clima lluvioso y tropical, cálido y húmedo, con temperaturas promedio de 24°C y precipitaciones superiores a los 3 200 mm anuales en algunos puntos. La península de Yucatán es cálida y semiárida. Su precipitación varía de 1 500 mm en el sur, a 600 en el noroeste.

● *El Servicio Meteorológico Nacional es el responsable de vigilar la evolución del clima en México y establecer el pronóstico del tiempo; fue creado por iniciativa del secretario de Fomento, Vicente Riva Palacio, mediante un decreto presidencial del general Porfirio Díaz emitido el 6 de febrero de 1877.*

Climas

■ Templado-húmedo
■ Templado-semihúmedo
■ Muy seco
■ Seco
■ Cálido-semihúmedo
■ Cálido-húmedo

Golfo de México

Mar Caribe

OCÉANO PACÍFICO

0   180 km

MÉXICO DIVERSIDAD BIOLÓGICA

México se cuenta entre los siete países considerados "biológicamente megadiversos". Ocupa el primer lugar en cuanto a número de reptiles, el segundo en número de mamíferos, el cuarto en especies de anfibios y plantas, y el séptimo en aves. Muchas de esas especies no existen en ninguna otra parte del planeta y por eso se denominan "endémicas". En el territorio se encuentran todos los ecosistemas presentes en el mundo y todas las formas de vida existentes. Las razones de esta diversidad son su ubicación entre las regiones boreal y tropical del continente, la diversidad geológica, la variedad climática y la extensión de los litorales.

En las formaciones vegetales se cuentan bosques tropicales perennifolios, con sus árboles siempre verdes de gran altura; bosques tropicales subcaducifolios, con árboles de troncos rectos y esbeltos que pierden sus hojas durante la sequía; bosques tropicales caducifolios, con árboles de ramas verdes y espesas en la época de lluvias; bosques espinosos, con sus característicos mez-

quites; pastizales con plantas gramíneas; páramos de altura con gramíneas y zacatales; matorrales xerófilos con plantas adaptadas a ambientes secos; bosques de encinos, bosques de coníferas, bosques de pinos, bosques mesófilos de montaña con plantas epífitas y helechos, y la vegetación asociada a cuerpos de agua, como los manglares. Por lo demás, la riqueza florística de México suma 25 000 especies.

La biodiversidad animal destaca con 440 especies de mamíferos terrestres —gran parte de ellos de talla pequeña y hábitos nocturnos— y todas las existentes de mamíferos marinos, excluyendo a las nutrias. Las cuantiosas especies de reptiles (más de 700) y anfibios (más de 300) aún no se registran en su totalidad. En cuanto a aves, México cuenta con más de 10% de las clasificadas en el planeta. Los peces marinos y de agua dulce presentes en el país suman más de 2 000 especies. Tan sólo en el Golfo de California se han registrado más de 400 endémicas, como la totoaba.

● *Los arrecifes de coral están ubicados en las aguas tropicales. Estos ecosistemas abarcan algas, crustáceos, estrellas de mar y moluscos, entre otras especies. El mejor desarrollado se encuentra en el Caribe y se extiende a lo largo de 500 km. En la región del Golfo se localizan algunos importantes (como el Sistema Arrecifal Veracruzano) y en la zona del Pacífico son casi inexistentes, exceptuando al cabo Plumo, en el Golfo de California.*

Flora y fauna
- Pastizal
- Bosque
- Matorral
- Vegetación hidrófila
- Selva
- Otros usos
- Límite regiones faunísticas

Fauna Neártica

Golfo de México

OCÉANO PACÍFICO

Mar Caribe

Fauna Neotropical

0   180 km

De acuerdo con la Constitución Política de los Estados Unidos Mexicanos del 5 de febrero de 1917 y las reformas que desde entonces se le han hecho, los Estados Unidos Mexicanos están conformados por 31 estados y un Distrito Federal, la Ciudad de México, que es también la capital del país. Los estados más jóvenes de la federación son Quintana Roo y Baja California Sur. Se erigieron como tales en 1974, cuando la Cámara de Senadores aprobó el decreto presidencial que los creaba.

Los estados son libres y soberanos en lo que respecta a su régimen interno y conforman una república representativa, democrática y federal, según lo indican los artículos 40 y 41 de la Constitución. Como ocurre con el país en su conjunto, los estados tienen, para su conducción, un régimen republicano, representativo y popular. Para su ejercicio, el poder público de éstos se divide en Ejecutivo (el gobernador), Legislativo (los Congresos locales) y Judicial (los cuerpos encargados de la impartición de justicia).

Sin embargo, la base de la división política y administrativa del país no son los estados, sino los municipios libres, entidades que engloban localidades o asentamientos (sitios de censo designados) administrados por ayuntamientos que se eligen popularmente y no dependen de las autoridades estatales. A los municipios corresponde regular los servicios de agua, drenaje, alumbrado, limpia y seguridad pública, entre otros.

La Ciudad de México aún no alcanza el estatus de estado de la federación; sin embargo, cuenta con un jefe de gobierno y una Asamblea Legislativa electos popularmente. La base de su organización no es el municipio, sino dieciséis delegaciones políticas cuyos jefes también se eligen por voto directo.

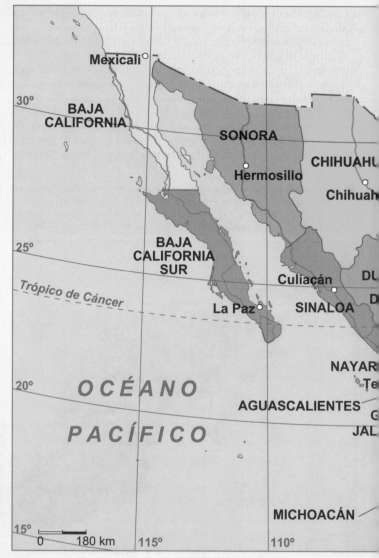

Av. Juárez,
Ciudad de México.

Los estados en 1824.
La primera división política de la república mexicana, dispuesta por la Constitución de 1824, contaba con 19 estados, los territorios de Alta California, Baja California y Nuevo México y un territorio en disputa: el Soconusco, parte del actual estado de Chiapas.

PÁTZCUARO.

ESTADOS UNIDOS DE AMÉRICA

COAHUILA

NUEVO LEÓN

Saltillo Monterrey

TAMAULIPAS

Ciudad Victoria

ZACATECAS

atecas SAN LUIS POTOSÍ

ascalientes San Luis Potosí

QUERÉTARO

GUANAJUATO VERACRUZ

León Querétaro HIDALGO

TLAXCALA

Ciudad Pachuca

de México Xalapa

Morelia Tlaxcala

Toluca Puebla

Cuernavaca PUEBLA

GUERRERO

Chilpancingo OAXACA

MORELOS DISTRITO FEDERAL

Oaxaca

Golfo de México

Trópico de Cáncer

CUBA

YUCATÁN

Mérida

Campeche QUINTANA ROO

Chetumal

CAMPECHE

TABASCO

Villahermosa BELICE

CHIAPAS

Tuxtla Gutiérrez

HONDURAS

GUATEMALA

30°

25°

20°

85°

15°

5° 100° 15° 95° 90°

Distribución de la población rural y urbana

● Urbana 75%   ● Rural 25%

El Instituto Nacional de Estadística, Geografía e Informática es la entidad oficial responsable de contabilizar el número de habitantes de la república mexicana e investigar las características de esa población. Cada diez años lleva a cabo los Censos Nacionales de Población y Vivienda y cada cinco realiza conteos de población que actualizan parcialmente las cifras del censo más reciente. El último de estos conteos se efectuó en 2005.

De acuerdo con los datos arrojados por el Conteo de 2005, con un total de 103 263 388 habitantes, México es el undécimo país más poblado del mundo. Las entidades federativas con mayor número de habitantes son el Estado de México (14 007 495), el Distrito Federal (8 720 916) y el estado de Veracruz-Llave (7 110 214). Los de menor población son Baja California Sur (512 170), Colima (567 996) y Campeche (754 730). En ese año se contabilizaron 95 hombres por cada 100 mujeres. Se estima que para el 2020 el país contará con unos 122 millones de habitantes, casi el décuplo de los que había en 1900.

La esperanza de vida —el número de años promedio que puede llegar a vivir una persona— es mayor para las mujeres (77) que para los hombres (72). Sin embargo, ambas cifras han aumentado significativamente en las últimas décadas, pues en 1930 eran de 35 años para las

PUESTO EN LA CALLE.

Densidad de población
(hab./km²)
■ Más de 199
■ 50 - 199
■ 25 - 49
■ 10 - 24
□ Menos de 10

Golfo
de México

Mar
Caribe

OCÉANO
PACÍFICO

0   180 km

mujeres y 33 para los hombres. Las principales causas de mortalidad son enfermedades cardiovasculares, tumores malignos y diabetes mellitus. La población crece al ritmo de 1% anual y más de la mitad está conformada por personas de 25 años o menos.

Siguiendo una tendencia global, en la segunda mitad del siglo XX creció la población urbana y disminuyó la población rural; hoy se calculan en 76% y 24% respectivamente. En 2005 la tasa de analfabetismo en personas de 15 años y más era de 8.4%, una tercera parte de la cifra de 1970 (25.8%). Los habitantes de 15 años o más tienen un promedio de 8.1 grados de escolaridad; es decir, llegaron hasta la mitad de la secundaria. Una cifra de seguimiento reciente es la de personas con discapacidad. En el 2000 había 1 795 000 hombres y mujeres con algún tipo de limitación física o mental permanente que les impedía realizar actividades normales.

● *En 1790 el censo del virrey Revillagigedo contabilizó 104 760 habitantes en la Ciudad de México. Hoy, dentro de sus límites políticos, éstos suman 8 720 916. Sin embargo, en la zona metropolitana (que abarca la ciudad misma y 41 municipios conurbados) hay un total de 18.8 millones de habitantes, uno de los mayores asentamientos humanos del mundo.*

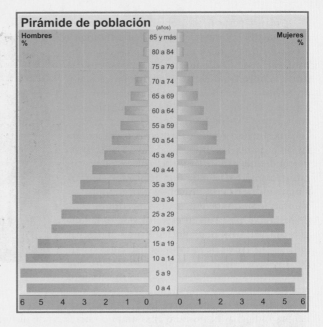

Pirámide de población (años)

Hombres %   —   85 y más   —   Mujeres %

80 a 84
75 a 79
70 a 74
65 a 69
60 a 64
55 a 59
50 a 54
45 a 49
40 a 44
35 a 39
30 a 34
25 a 29
20 a 24
15 a 19
10 a 14
5 a 9
0 a 4

6 5 4 3 2 1 0   0 1 2 3 4 5 6

ARTESANO ELABORANDO UN ÁRBOL DE LA VIDA.

HOMBRE TRABAJANDO EN UN CULTIVO DE TABACO.

La mayor parte de la población mexicana es resultado del mestizaje, la relación biológica y cultural entre españoles e indígenas construida a partir de la Conquista. A este proceso se sumó la llegada de esclavos negros procedentes de África y las migraciones de ciudadanos europeos a lo largo del siglo XX, que actualmente conforman 15% de los habitantes.

Aunque los mestizos forman la parte medular de la población mexicana, hay .5% de afrodescendientes y a lo largo del país se presentan numerosas áreas donde los hablantes de una lengua indígena constituyen el grupo poblacional más importante. Por esa razón, aunque 95% de los mexicanos hablan español, que es la lengua oficial, el número de habitantes indígenas se calcula a partir de la cifra de hablantes de alguna lengua autóctona, sin que ello asegure que son del todo ajenos al proceso de mestizaje o que no hablan también español.

NIÑOS INDÍGENAS DE CHIAPAS.

Seis millones de personas (de 5 años y más) es decir, 6 de cada 10 habitantes del país, hablan una lengua indígena. El número más amplio corresponde al náhuatl, el idioma de los mexicas, con un total de 1 376 026 hablantes en las regiones centrales del Altiplano. A éste siguen los hablantes de maya, que suman 759 000 en el sur del país y la península de Yucatán. Los hablantes de lenguas mixtecas y zapotecas en la región de Oaxaca son 423 216 y 410 901, respectivamente. Es también relevante el número de hablantes de tzeltal (371 730) y tzotzil (329 937) en el estado de Chiapas.

Grupos étnicos

① Náhuatl	⑥ Tzeltal	⑪ Huasteco
② Maya	⑦ Tzotzil	⑫ Mazahua
③ Zapoteco	⑧ Totonaca	⑬ Chinanteco
④ Mixteco	⑨ Mazateco	⑭ Purépecha
⑤ Hña hñu	⑩ Chol	⑮ Mixe

Golfo de México

Mar Caribe

OCÉANO PACÍFICO

0   180 km

En total aún se hablan en el país 62 lenguas indígenas regionales, aunque algunas de ellas están representadas por apenas decenas de personas. Los estados con mayor porcentajes de hablantes de una lengua indígena son Oaxaca y Yucatán. Los de menor proporción se ubican en la región norte del país y la península de Baja California. De 1930 a 2005 la población hablante de lengua indígena ha crecido de 2.3 a 6.0 millones. Sin embargo, la población que sólo habla español ha crecido a un ritmo mayor. Con respecto a la población total, los hablantes de lenguas indígenas representan hoy sólo 6.6%.

● *En su texto vigente, la Constitución Política de los Estados Unidos Mexicanos protege de diversas formas a los pueblos indígenas. El artículo 1° prohíbe la discriminación por origen étnico; el artículo 2° reconoce que "la nación tiene una composición pluricultural sustentada originalmente en sus pueblos indígenas" y determina derechos especiales para éstos.*

TARAHUMARAS EN LA SIERRA DE CHIHUAHUA.

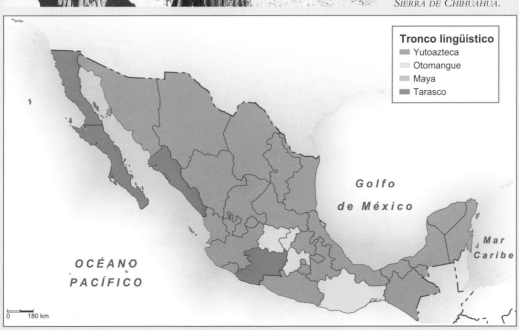

Tronco lingüístico
- Yutoazteca
- Otomangue
- Maya
- Tarasco

Golfo de México

OCÉANO PACÍFICO

Mar Caribe

0   180 km

La composición por sectores de la economía mexicana ha registrado transformaciones importantes en la historia. En la época colonial se basaba en la agricultura, la minería y el comercio. El siglo XIX marcó los inicios de la industrialización y en el siglo XX se incrementó la participación de la actividad

SECTOR PRIMARIO

Sectores
- Bovino
- Porcino
- Caprino
- Ovino
- Ave
- Pesca
- Frijol
- Maíz grano
- Sorgo grano
- Trigo grano
- Chile verde
- Papa

Golfo de México

Mar Caribe

OCÉANO PACÍFICO

0   180 km

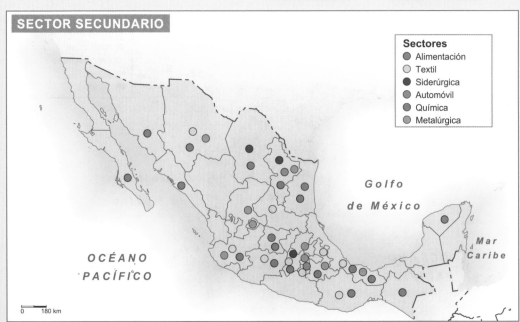

SECTOR SECUNDARIO

Sectores
- Alimentación
- Textil
- Siderúrgica
- Automóvil
- Química
- Metalúrgica

Golfo de México

Mar Caribe

OCÉANO PACÍFICO

0   180 km

industrial, así como el pujante crecimiento del sector servicios.

En el sector primario destaca la producción de maíz, trigo, soya, arroz, frijol, algodón, café, fruta, jitomate, carne de res y pollo, lácteos y productos de madera. En la producción industrial sobresalen alimentos y bebidas, tabaco, productos químicos, hierro y acero, petróleo, productos textiles, ropa y automóviles. En el sector terciario se ubican el comercio, los servicios y los transportes. La suma de estas actividades conforma el Producto Interno Bruto (PIB), el valor total de la producción de bienes y servicios en el país.

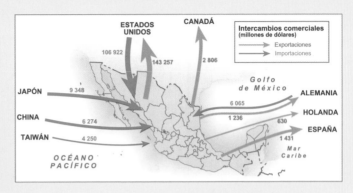

En 2008 en México el PIB alcanzó 1.559 billones de dólares, cifra que posicionó al país como la economía número 12 del mundo, aunque la crisis de 2008 y 2009 marcó su decrecimiento. La composición sectorial del PIB era: sector primario, 3.7%; sector secundario (en el que destaca la producción de 3 501 millones de barriles diarios de petróleo), 34.1%; y sector terciario, 62.2%. La fuerza de trabajo, estimada en 45.5 millones de personas (la número trece del mundo), se estructuraba en concordancia con la dimensión de los sectores; sin embargo, la tasa de desempleo era entre 5 y 6%.

Por lo que respecta a la balanza comercial, el saldo era negativo, pues en 2008 el valor de las importaciones (305.9 miles de millones de dólares) superó al de las exportaciones (294 miles de millones de dólares). El principal intercambio comercial se llevaba a cabo con Estados Unidos. Los principales productos de exportación eran manufacturas, petróleo y sus derivados, plata, fruta, vegetales y algodón. Los principales productos que se importaban eran maquinaria, equipo eléctrico, autopartes y aeronaves.

Otros indicadores económicos y financieros

- *Producción anual de electricidad: 243 miles de millones de kWh.*

- *Reservas de petróleo: 11.65 miles de millones de barriles.*

- *Reservas internacionales: 64 125 millones de dólares.*

- *Deuda externa: 181 200 millones de dólares.*

- *Deuda pública: 20.3% del PIB.*

AGRICULTURA.

COMUNICACIONES Y TRANSPORTES ● MÉXICO

Junto con el desarrollo de los sectores secundario y terciario, a lo largo del siglo XX y en lo que va del XXI los rubros de comunicaciones y transportes se han caracterizado por un rápido crecimiento y gran dinamismo. En el país hay alrededor de veinte millones de líneas telefónicas fijas y más de sesenta millones de telefonía móvil. El sistema de radiodifusión en amplitud modulada suma 850 estaciones, y 545 en frecuencia modulada. Hay más de doscientas estaciones de televisión y sus repetidoras. En 2008 había un total de 22.81 millones de usuarios de internet, cifra que posiciona al país en el lugar 15 a ese respecto.

En cuanto a los transportes, la red aeroportuaria cuenta con 1 848 aeropuertos, aunque la mayor parte de éstos no tienen pistas pavimentadas. Los principales gasoductos son los diseñados para la transportación de gas, petróleo y productos refinados. La red ferroviaria se extiende por 17 665 km, sirve básicamente para el transporte de carga, mientras que el transporte de pasajeros es muy poco significativo. La red de carreteras abarca 356 945 km y el país cuenta con 2 900 km de canales costeros y vías navegables.

La marina mercante está integrada por 55 naves y en comparación con otros países aún se encuentra poco desarrollada. Los principales puertos y terminales marítimas están situados en ambas costas. Los ubicados en el Golfo de México son Altamira y Tampico, en Tamaulipas; y Coatzacoalcos y Veracruz, en Veracruz-Llave; los ubicados en la costa del Pacífico son Manzanillo, en Colima; Morro Redondo, en Baja California; y Salina Cruz, en Oaxaca.

Un comentario aparte merecen las redes de transporte público en las grandes ciudades. En el Distrito Federal, por ejemplo, es sobresaliente el Sistema de Transporte Colectivo Metro; sus once líneas tienen 175 estaciones y 176 771 km en servicio. En 2008 transportaron a 1 467 362 893 pasajeros.

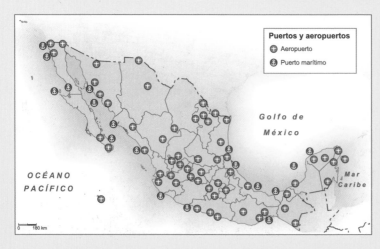

● *El Aeropuerto Internacional de la Ciudad de México, la principal terminal aérea del país, lleva el nombre de "Benito Juárez". El primer aterrizaje se llevó a cabo el 5 de noviembre de 1928 y tras su inauguración formal, en 1931, ha tenido importantes ampliaciones. En 2008 transportó a 26 210 217 pasajeros en vuelos nacionales e internacionales.*

De un extremo a otro de la república mexicana abundan los sitios de interés para el turismo nacional y extranjero. Destacan, entre ellos, numerosas zonas arqueológicas concebidas hoy como museos de sitio. Las más ricas e interesantes son Chichén Itzá y Uxmal, en Yucatán; La Venta, en Tabasco; el Tajín, en Veracruz; Palenque, en Chiapas; Monte Albán, en Oaxaca; Xochicalco, en Morelos; Tula, en Hidalgo y Malinalco y Teotihuacan en el Estado de México. En el norte de la república sobresalen Paquimé, en Chihuahua, y El Vallecito, en Baja California.

CANCÚN.

Son también relevantes los Parques Nacionales, áreas protegidas mediante un decreto oficial por su riqueza natural, la belleza del paisaje y el interés histórico. El primero en recibir dicha protección oficial fue el Parque Nacional Desierto de los Leones, en el Distrito Federal, por decreto del 27 de noviembre de 1917. No es el único en la capital de la república donde también se ubica el parque Nacional Cumbres de Ajusco, cuyo cerro principal, el Ajusco, domina el paisaje urbano.

A lo largo del país los parques son reservas para los más diversos ecosistemas y sus especies. A título de ejemplo pueden mencionarse el Parque Nacional Sierra de San Pedro Mártir, en Baja California, en cuyas 72 000 hectáreas abundan las coníferas y los borregos cimarrones; y el Parque Nacional Lagunas de Montebello, en Chiapas. En sus 6 022 hectáreas aún es posible hallar ejemplares de pumas y jaguares, especies en peligro de extinción.

Para otro tipo de público son de especial interés los destinos de playa. En la costa del Pacífico los más relevantes son Puerto Vallarta, en Jalisco, y Acapulco, en Guerrero. En la costa del Mar Caribe, Cancún, Quintana Roo, se ha convertido en sitio predilecto de visitantes internacionales.

● *En el centro del país, en el área donde fueron más densos los asentamientos poblacionales después de la conquista, son particularmente atractivas las ciudades con iglesias, casas y edificios públicos de la época colonial. Entre ellas cabe mencionar a Querétaro, Puebla, Zacatecas, Guanajuato, Morelia, Guadalajara y la propia Ciudad de México.*

AGUASCALIENTES

Enclavado en el centro de la república, en el relieve de Aguascalientes destaca la Sierra Fría; su río más importante es el San Pedro-Aguascalientes y predominan los climas templados. Una tercera parte del estado está cubierta de matorrales y otra se dedica a la agricultura con cultivos cíclicos y perennes. Sus principales manufacturas son productos alimenticios, bebidas y tabaco. La mayor parte de la población se concentra en el municipio de Aguascalientes, cuya cabecera es la capital del estado. Sus centros educativos más importantes son la Universidad Autónoma y el Instituto Tecnológico de Aguascalientes.

CATEDRAL DE AGUASCALIENTES.

DATOS BÁSICOS

Capital: *Aguascalientes*
Municipios: 11
Extensión: 5 618 km^2
Porcentaje del territorio nacional: 0.3%
Estados colindantes: Jalisco y Zacatecas
Número de habitantes: 1 065 416
Principal sector económico: industria manufacturera

● *El territorio del estado estuvo poblado originalmente por indígenas cuachichiles, caxcanes, tecuejes y zacatecanos. Hoy día se sigue hablando náhuatl y mixteco en la zona.*

● *Durante la guerra de Independencia fue en Aguascalientes donde Ignacio Allende tomó el mando en el lugar de Miguel Hidalgo, desplazado del liderazgo del movimiento.*

● *El festejo más importante de la capital, la Feria de San Marcos, se celebra desde 1828. Son famosas sus peleas de gallos y las presentaciones de música vernácula.*

BAJA CALIFORNIA

Las sierras de Juárez y San Pedro Mártir dominan el relieve de esta entidad, cuyo río más significativo es el río Colorado, que nace al pie de las Montañas Rocosas de Estados Unidos. Dominan su vegetación los arbustos y matorrales, pero en las sierras hay zonas boscosas; la fauna marina cuenta con una gran diversidad de especies que incluyen tiburón, pez sierra, totoaba y langosta. El mayor número de habitantes se concentra en los municipios de Tijuana, Mexicali y Ensenada. Sus principales fuentes de empleo son la industria de la transformación, los servicios de comunicaciones y transportes, y el comercio.

● En 1951 se creó el estado con el nombre original de Baja California Norte y el mismo territorio que ocupa actualmente. Hoy se llama sólo "Baja California".

● La precipitación pluvial anual va de 86.3 a 266.5 mm. Las principales presas del estado son Abelardo L. Rodríguez, El Carrizo y Emilio López Zamora.

● Cuenta la tradición que Tijuana se originó en el rancho de una tal Tía Juana, ubicado en el emplazamiento de la ciudad en el siglo XIX. Con 1.3 millones de habitantes hoy es la sexta ciudad más poblada de México.

DATOS BÁSICOS

Capital: *Mexicali*
Municipios: 5
Extensión: 71 446 km^2
Porcentaje del territorio nacional: 3.6%
Estados colindantes: Baja California Sur, Sonora y Estados Unidos de América
Número de habitantes: 2 844 469
Principal sector económico: comercio, restaurantes y hoteles

ENSENADA.

BAJA CALIFORNIA SUR

La orografía de Baja California Sur, uno de los estados más jóvenes de la federación, está dominada por la Sierra de la Giganta —en cuya parte alta hay venados, pumas y borregos cimarrones— y tres cuartas partes de su superficie están cubiertas de matorrales con abundantes cardos y pitahayas. La mitad de la población se concentra en el municipio de La Paz y la rama de los servicios absorbe a la gran mayoría de ésta. La industria pesquera registra una captación anual de 150 000 toneladas de diversas especies comestibles. El comercio, la industria restaurantera y la hotelería aportan casi una tercera parte del producto interno bruto estatal.

● *En la zona existen evidencias de la presencia humana que se remontan a los años 10000–8000 a.C. En la sierra de San Francisco hay un importante núcleo de enigmáticas pinturas rupestres.*

● *En 1697 el jesuita Eusebio Francisco Kino fundó la primera misión permanente en la zona. En menos de un siglo éstas llegaron a ser dieciocho.*

● *Al sur de la península son muy llamativos los acantilados de roca ígnea, como el Arco ubicado en Cabo San Lucas, uno de los nuevos destinos de playa.*

DATOS BÁSICOS

Capital: *La Paz*
Municipios: 5
Extensión: 73 922 km^2
Porcentaje del territorio nacional: 3.8%
Estados colindantes: Baja California
Número de habitantes: 512 170
Principal sector económico: servicios financieros, seguros, actividades inmobiliarias y de alquiler

CABO SAN LUCAS.

CAMPECHE

Situado en la costa del Golfo de México, donde se forma la bahía de Campeche y la Laguna de Términos, la mayor parte del estado se encuentra cubierta de selva con su nutrida vegetación —que incluye árboles como chicozapote, caoba y cedro— y una variedad de especies animales como jaguares, monos, guacamayas, tucanes, loros y faisanes. La mayoría de los habitantes se concentra en el municipio de Campeche y Ciudad del Carmen. Casi cien mil de ellos hablan alguna lengua indígena. La extracción de petróleo crudo y gas aportan alrededor de 70% del producto interno bruto nacional del ramo. El principal producto de la industria pesquera es el camarón.

DATOS BÁSICOS

Capital: *Campeche*
Municipios: 11
Extensión: 57 924 km^2
Porcentaje del territorio nacional: 3.0%
Estados colindantes: Tabasco, Yucatán, Quintana Roo, Guatemala y Belice
Número de habitantes: 754 730
Principal sector económico: minería

● *La orografía del estado está compuesta de lomeríos que no se elevan más de 400 msnm. Su río más importante es el Usumacinta.*

● *Durante la época colonial la ciudad de Campeche fue fortificada con murallas para evitar las incursiones delictivas de piratas procedentes de Gran Bretaña y los Países Bajos.*

● *En la comida típica de Campeche destacan los tamales de harina colada rellenos de picadillo, los helados y las aguas frescas que se disfrutan en el caluroso verano, cuando la temperatura rebasa los 30 ºC.*

CATEDRAL DE CAMPECHE.

CHIAPAS

Por sus numerosas corrientes superficiales que alimentan diversas presas, Chiapas es uno de los estados con mayores recursos de agua dulce. La selva y el bosque cubren gran parte del territorio y albergan una atractiva fauna con grandes felinos, reptiles y una gran variedad de aves. Con notables vestigios arqueológicos (en especial la ciudad de Palenque) el estado presenta hoy una cuantiosa población indígena con miembros de las etnias tojolabal, tzeltal, tzotzil y maya, entre otras. En 1994 fue escenario del alzamiento del Ejército Zapatista de Liberación Nacional.

DATOS BÁSICOS

Capital: *Tuxtla Gutiérrez*
Municipios: 118
Extensión: 73 289 km^2
Porcentaje del territorio nacional: 3.7%
Estados colindantes: Oaxaca, Veracruz, Tabasco y Guatemala
Número de habitantes: 4 293 459
Principal sector económico: agricultura

CAÑÓN DEL SUMIDERO.

SAN CRISTÓBAL.

● *La región del Soconusco, en disputa entre México y Guatemala, se anexó definitivamente a México en 1848, por un decreto de Antonio López de Santa Anna.*

● *En el ramo agropecuario destaca la actividad de las tradicionales fincas cafetaleras cuyos granos de altura gozan de prestigio mundial.*

● *El estado fue cuna de dos importantes poetas mexicanos: Jaime Sabines (1926-1999) y Rosario Castellanos (1925-1974). En sus obras recuperaron inconfundibles tradiciones y escenas chiapanecas.*

CHIHUAHUA

L a Sierra Madre Occidental atraviesa el sur del estado cuyo límite norte está definido, en una amplia extensión, por el Río Bravo, frontera natural y política de México con Estados Unidos. Con una temperatura media anual de 14.5-21.7 °C y una precipitación pluvial promedio de 284 mm anuales el territorio se divide, casi en partes iguales, en matorrales, bosques y pastizales. La mayor parte de la población se concentra en los municipios de Ciudad Juárez y Chihuahua y se emplea en la rama de los servicios y la industria de la transformación. Son relevantes, asimismo, la agricultura y la cría de ganado vacuno para exportación.

● *Considerado parte de Aridoamérica, en el actual territorio de Chihuahua prosperaron las llamadas "culturas del desierto", como la cochise, que comprendió los asentamientos de Paquimé y Casas Grandes.*

● *Chihuahua fue muy relevante durante la Revolución Mexicana. Allí se firmaron los tratados de Ciudad Juárez que marcaron el fin de la dictadura de Porfirio Díaz, y comenzó el movimiento constitucionalista contra Victoriano Huerta.*

● *A partir de 1922 se establecieron varias comunidades menonitas procedentes de Canadá, de costumbres conservadoras y dedicadas básicamente a la producción agrícola. Son famosos sus productos lácteos que venden en las ciudades.*

DATOS BÁSICOS

Capital: *Chihuahua*
Municipios: 67
Extensión: 247 455 km^2
Porcentaje del territorio nacional: 12.6%
Estados colindantes:
 Sinaloa, Sonora, Durango, Coahuila y Estados Unidos de América
Número de habitantes: 3 241 444
Principal sector económico: comercio, restaurantes y hoteles

SIERRA TARAHUMARA.

Ciudad Juárez
EUA
Guadalupe El Porvenir
Bravo
Ascensión
Janos
Miguel
Ahumada
Casas
Grandes   Nuevo Casas
Grandes
Ignacio Zaragoza   Buenaventura
Manuel
Ojinaga
SONORA
Gómez Farías
Madera
Temosachi   Juan
Aldama
Matachi   Manuel
Benavides
Guerrero   Cuauhtémoc   CHIHUAHUA
Moris   San
Juanito   Delicias   La Perla
Uruáchi   Ciudad Saucillo
Maguarichi   Carichí   Satevó
COAHUILA
Chínipas   Santa Rosalía
de Camargo
Urique   Novoava   Valle del
Rosario
Batopilas   Balleza   El Tule   José Mariano
Jiménez
Guachochi   Hidalgo
del Parral   José Esteban
Morelos   Coronado
SINALOA   DURANGO

BARRANCA DEL COBRE.

43

COAHUILA DE ZARAGOZA

Destaca en la geografía del estado parte del Bolsón de Mapimí, una depresión desértica en la llamada región lagunera, donde se presentan cuerpos de agua como las lagunas de Mayrán, del Rey y de Aguaje. Casi 80% del territorio de la entidad está cubierto por matorrales donde la escasa precipitación pluvial y las temperaturas extremas favorecen el desarrollo de vegetación desértica. Las mayores concentraciones de población se presentan en los municipios de Saltillo y Torreón. El estado cuenta con la Universidad Autónoma de Coahuila y dos escuelas para formación de profesores: la Normal de Educación Preescolar y la Benemérita Escuela Normal.

● *En el siglo XIX los invasores estadounidense (1846) y franceses (1865) trataron infructuosamente de apoderarse del territorio de Coahuila, que alguna vez fue parte de Nuevo León.*

● *El gran impulso económico del estado inició durante el mandato del presidente Lázaro Cárdenas, quien decretó cambios en el régimen local de tenencia de la tierra para favorecer a los campesinos.*

● *Aunque no cuenta con una costa marítima, en Coahuila la pesca en las lagunas y la acuicultura obtienen cantidades importantes de carpa, bagre, besugo y lobina negra.*

SIERRA DE COAHUILA.

COLIMA

Colima, uno de los estados más pequeños de la federación, cuenta en su territorio con el archipiélago de las Islas Revillagigedo y con el volcán de Colima, que se eleva a 3 820 msnm. En la costa del Pacífico sobresalen las lagunas de Cuyutlán y Potrero Grande. Una tercera parte del territorio está dedicado a la agricultura, que produce cultivos cíclicos y perennes. La industria pesquera captura grandes volúmenes de túnidos, peces de escama y especies de agua dulce. La Universidad de Colima y el Instituto Tecnológico de Colima dominan el panorama de la educación superior. El turismo y la actividad portuaria de Manzanillo son importantes fuentes de ingresos para el estado.

DATOS BÁSICOS

Capital: *Colima*
Municipios: 10
Extensión: 5 625 km^2
Porcentaje del territorio nacional: 0.3%
Estados colindantes: Jalisco y Michoacán
Número de habitantes: 567 996
Principal sector económico: turismo, agricultura y pesca

● *Colima fue parte de Jalisco y Michoacán, pero en 1847 alcanzó el rango de estado libre y soberano. Por un breve periodo se estableció allí el gobierno itinerante del presidente Benito Juárez.*

● *En 1979, con la elección de Griselda Álvarez, Colima se convirtió en el primer estado de la república gobernado por una mujer. Su mandato se extendió hasta 1985.*

● *A fines de la década de 1980 la Universidad de Colima fue uno de los primeros centros mexicanos de producción del formato CD ROM, marcando así un hito tecnológico para el país.*

PLANTA TERMOELÉCTRICA.

JALISCO

Cofradía de Suchitlán
La Caja
Zacualpán
Suchitlán
Alcaraces
Comala
Cuauhtémoc
El Charco
Ciudad de Álvarez
El Trapiche
El Chavarín
El Chical
Buenavista
Chandiablo
COLIMA
Pueblo Juárez
Coquimatlán
El Naranjo
Jalipa
Piscila
La Central
Jala
Pta. El Carrizal
B. Manzanillo
El Colmo
Las Nuevas Juntas
Rincón de López
Madrid
Tepames
Manzanillo
Tecolapa
Ixtlahuacán
Venustiano Carranza
Cofradía de Juárez
Caleras
Estapilla
Laguna de Cuyutlán
Cuyutlán
Armería
Tecomán
Chanchopa
Cofradía de Morelos
San Miguel
OCÉANO PACÍFICO
Boca de Pascuales
Cerro de Ortega
El Ahijadero
MICHOACÁN

DISTRITO FEDERAL

Situada en el Valle de México, a una altura media de 2 240 msnm, la Ciudad de México, Distrito Federal, es el corazón histórico y contemporáneo de la república mexicana. Fundada por los indígenas mexicas en 1325 como México-Tenochtitlan, fue capital del Virreinato de la Nueva España y lo es del México independiente desde 1824, cuando el D.F. fue creado formalmente. Con una densidad de 5.86 habitantes por km^2, su área de influencia se extiende al Estado de México (con el que comparte una importante conurbación), Hidalgo, Puebla y Morelos. Se cuenta entre las ciudades más pobladas del mundo (la Zona Metropolitana suma casi veinte millones de habitantes), aporta una quinta parte del PIB nacional y es una de las urbes más ricas del planeta.

Sede de los poderes federales (ejecutivo, legislativo y judicial) tiene un estatuto político diferente al resto de las entidades, pues se considera un territorio de pertenencia común a toda la federación. Durante el proceso de industrialización de México, a lo largo del siglo XX concentró la mitad de los empleados y empresas manufactureras en el ámbito nacional y se redujeron drásticamente

las actividades del sector primario que en 2004 representaban apenas 0.2% del PIB local. A partir de la década de 1980, sin embargo, la industria se ha desconcentrado al interior del país y en el D.F. han crecido el sector terciario y la economía informal. Con su inabarcable oferta turística, cultural y comercial, los mayores desafíos actuales de la capital son la seguridad pública, el cuidado ambiental, el abasto de agua y la contención de la mancha urbana.

COLUMNA DEL ÁNGEL DE LA INDEPENDENCIA.

● *Para garantizar una adecuada disponibilidad de alimentos, en 1982 se inauguró la Central de Abastos, un establecimiento de 305 hectáreas que distribuye productos a los mercados de la capital. El valor de su movimiento económico anual se estima en ocho mil millones de dólares.*

● *En pleno centro histórico de la capital, en el área adyacente al Zócalo y la Catedral Metropolitana, pueden verse las ruinas del Templo Mayor de la capital mexica.*

● *La Ciudad Universitaria es la sede principal de la Universidad Nacional Autónoma de México, reconocida como la mejor del país y la número 44 del mundo. El campus central está incluido en la lista del Patrimonio Cultural de la Humanidad de la UNESCO.*

● *La capital del país se considera el mayor ámbito de población amerinidia de América, con 360 000 indígenas de todas las etnias nacionales. Predominan los nahuas, pero hay también otomíes, zapotecos, mixtecos y mazahuas.*

● *Aparte de las carreteras federales, el D.F. se conecta con el país a través de las autopistas a Querétaro, Cuernavaca, Puebla, Texcoco, Tulancingo y Pachuca. La retícula de los ejes viales, junto con el anillo Periférico y el Circuito Interior, dominan la circulación interna de vehículos.*

XOCHIMILCO.

DATOS BÁSICOS

Delegaciones: 16
Extensión: 1 485 km^2
Porcentaje del territorio nacional: 0.1%
Estados colindantes: Estado de México y Morelos
Número de habitantes: 8 720 916
Principal sector económico: servicios, industria manufacturera

GUSTAVO A. MADERO

AZCAPOTZALCO

MÉXICO D.F.

VENUSTIANO CARRANZA

MÉXICO

MIGUEL HIDALGO

CUAUHTÉMOC

BENITO JUÁREZ

ÁLVARO OBREGÓN

IZTACALCO

COYOACÁN

CUAJIMALPA DE MORELOS

IZTAPALAPA

MAGDALENA CONTRERAS

TLÁHUAC

XOCHIMILCO

TLALPAN

MILPA ALTA

MORELOS

ESTADO DE MÉXICO

Las principales elevaciones del relieve mexiquense son quizá las más representativas del relieve mexicano: los volcanes Popocatépetl, Iztaccíhuatl y Nevado de Toluca; sus tres regiones hidrológicas —Lerma Santiago, Balsas y Cutzamala— se cuentan también entre las más importantes del país. Puesto que el Estado de México rodea casi por completo a México, D. F., la capital de la república, cuarenta de sus municipios forman parte, sin solución de continuidad, de la Zona Metropolitana de la Ciudad de México. En la entidad se concentra gran parte de la planta industrial nacional; en contraste, la agricultura, la ganadería, la silvicultura y la pesca aportan menos de 5% del producto interno bruto del estado.

Las diez ciudades más importantes de la entidad, conurbadas con la Ciudad de México, son Coacalco de Berriozábal, Ciudad Nezahualcóyotl, Naucalpan de Juárez, Tlalnepantla de Baz, Chimalhuacán, Cuautitlán Izcalli, Ecatepec de Morelos, Atizapán de Zaragoza, Texcoco, Toluca de Lerdo (la capital) y Chalma, importante santuario y destino de peregrinaciones católicas. En contrapeso, hay varias zonas naturales protegidas, incluyendo una sección de la reserva de la biosfera de la Mariposa Monarca, que comparte con Michoacán, y es reconocida por la UNESCO como Patrimonio Natural de la Humanidad.

TEXCOCO.

- Los principales sitios arqueológicos del Estado son la ciudad de Teotihuacan, cuyo auge inició en el año 100 a.C., y Malinalco, una de las últimas urbanizaciones mexicas previas a la Conquista.

- Entre los numerosos atractivos del Estado destacan el Templo de San Francisco Javier y el Convento de Tepotzotlán, edificado por los jesuitas, que hoy alberga al Museo Nacional del Virreinato.

- El 30 de octubre de 1810, en Monte de las Cruces, cerca de Toluca, se libró una importante batalla entre el ejército de Miguel Hidalgo y el Ejército Realista, al mando de Torcuato Trujillo. Los insurgentes derrotaron a los realistas en un triunfo histórico.

- Construido en 1972, el sistema Cutzamala mide 160 km y reúne el agua procedente de siete presas. Después del tratamiento para potabilizarla, sus cinco plantas la bombean a la Ciudad de México y el área conurbada. Es la principal fuente de abasto del líquido vital para México, D.F.

- La mayor ciudad del Estado es Ecatepec de Morelos (antes llamada San Cristóbal Ecatepec) donde fue fusilado en 1815 José María Morelos, heredero de la lucha de Independencia.

- El Aeropuerto Internacional de Toluca se ha convertido en el principal aeropuerto alterno para la Ciudad de México y cuenta con la pista de aterrizaje más larga del país. En 2008 atendió a 4.3 millones de pasajeros y desde 2009 opera vuelos internacionales.

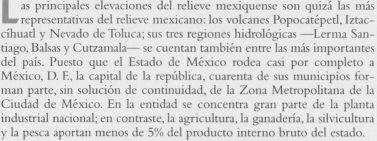

Capital: *Toluca de Lerdo*
Municipios: 125
Extensión: 22 357 km^2
Porcentaje del territorio nacional: 1.1%
Estados colindantes: Michoacán, Querétaro, Hidalgo, Tlaxcala, Puebla, Morelos, Guerrero y la Ciudad de México, Distrito Federal
Número de habitantes: 14 007 495
Principal sector económico: industria manufacturera

RO
San Lucas
Totolmaloya

HIDALGO

Acambay
S. Lorenzo Octeyuco

S. Juan
Tuxtepec

ulco
ela
ec

Coyotepec
Teoloyucan
Villa del
Carbón
Tultepec
Coacalco
Otumba

S. Lorenzo
Malacota
Cuautitlán

Loma de
Endotzi

Ciudad de
López Mateos

Tepexpan

Tepetlaoxtoc de Hidalgo

TLAXCALA

Texcoco
Chimalhuacán
Chicoloapan

illas
Miguel
moloyan

S. Pablo
Autopan

Naucalpan

La Constitución

San Francisco Acuautla

Ixtapaluca

S. Miguel
nacantepec

TOLUCA

S. Mateo Atenco

D.F.

Chalco

PUEBLA

de
yo

Calimaya

Capulhuac de
Mirafuentes

Amecameca

S. Pedro
Tlanixco

S. Pedro Zictepec

Coatepec
Harinas

Villa Guerrero

c

Ixtapan de
la Sal

Zumpahuacán

MORELOS

GUERRERO

DURANGO

Atravesado por la Sierra Madre Occidental y con grandes elevaciones como el cerro Gordo (3 340 msnm), el estado de Durango cuenta con siete cuencas hidrológicas, varias lagunas y numerosas presas. Los bosques cubren casi la mitad del territorio, donde sobresalen los parques nacionales de El Tecuán y Puerto de los Ángeles. Una tercera parte de la población se ubica en el municipio de Durango y la absorben, como fuerza laboral, el comercio y los servicios. En la entidad se desarrolla una significativa explotación forestal, especialmente de pino y encino que son materia prima para la industria manufacturera y su producción de muebles.

DATOS BÁSICOS

Capital: *Victoria de Durango*
Municipios: 39
Extensión: 123 451 km^2
Porcentaje del territorio nacional: 6.3%
Estados colindantes: Nayarit, Sinaloa, Chihuahua, Coahuila, Zacatecas y un vértice de Jalisco
Número de habitantes: 1 509 117
Principal sector económico: silvicultura y fabricación de muebles

PRESA GUADALUPE VICTORIA.

- *En 1563 se proyectó la traza de la Villa de Durango, que llegó a ser capital de la Nueva Vizcaya, la primera provincia que se fundó en el norte del territorio durante la época virreinal.*

- *El estado ha sido locación de cientos de producciones cinematográficas nacionales y extranjeras. La primera filmación, producida por la compañía Edison, se realizó en 1898. El célebre actor de westerns John Wayne rodó siete películas en escenarios de la entidad.*

- *La especie más famosa de la fauna duranguense es el alacrán (Centruroides suffusus), que llega a medir 8 cm de largo. Agresivo y solitario, su veneno es de elevada toxicidad.*

GUANAJUATO

Situado en el centro de la república, el estado de Guanajuato cuenta con varias elevaciones importantes como la sierra de Los Agustinos, que alcanza 3 110 msnm, y con dos regiones hidrológicas: Lerma-Santiago y Pánuco. Los terrenos de cultivo agrícola ocupan más de la mitad de la superficie de la entidad y casi 20% está cubierto por matorrales. Sus áreas industriales más importantes se ubican en los municipios de León, Celaya e Irapuato. Del rico subsuelo guanajuatense se siguen extrayendo plata, oro, cobre y caolín, con una participación significativa en el producto interno bruto nacional. La Universidad Autónoma de Guanajuato es una de las más prestigiosas de México.

● *En el siglo XVI, con el descubrimiento de los yacimientos de plata, hubo una importante afluencia de españoles a la zona. Los indígenas locales trataron de repelerlos a partir de 1550, lo que dio lugar a la guerra chichimeca, que se extendió también por Zacatecas, Aguascalientes y Jalisco.*

● *El Festival Internacional Cervantino, celebrado anualmente en la capital del estado a partir de 1972, es el encuentro cultural más importante del México. En él se dan cita artistas e intérpretes de todo el mundo.*

● *Las peculiares momias de Guanajuato son resultado de un proceso natural de conservación por las características secas y alcalinas del suelo local. La primera se descubrió en el Panteón de Santa Paula, en 1865; corresponde al cadáver del médico francés Remigio Leroy.*

DATOS BÁSICOS

Capital: *Guanajuato*
Municipios: 46
Extensión: 30 608 km^2
Porcentaje del territorio nacional: 1.6%
Estados colindantes: Michoacán, Jalisco, San Luis Potosí, Querétaro y un vértice de Zacatecas
Número de habitantes: 4 893 812
Principal sector económico: industria manufacturera, minería y agricultura

SAN MIGUEL DE ALLENDE.

GUERRERO

S urcado por las elevaciones de la Sierra Madre del Sur, con prominencias como el cerro Tiotepec (3 550 msnm), Guerrero cuenta con tres ricas regiones hidrológicas: la del Balsas, la de la Costa Grande y la de la Costa Chica-Río Verde. Con tendencia a las precipitaciones extremas en ambos sentidos, la mayor parte de su superficie está cubierta de selvas y bosques, con fauna neotropical y especies propias del estado, como armadillo, iguana, mapache y tejón. El sector servicios absorbe a la mitad de la fuerza laboral y la intensa actividad turística del puerto de Acapulco produce casi una tercera parte del producto interno bruto de la entidad.

● Durante la época colonial, en el puerto de Acapulco atracaba la Nao de la China que traía desde Manila, Filipinas, ricos textiles, piezas de cerámica y trabajos de orfebrería. Regresaba a Oriente llevando plata, cacao y grana cochinilla, entre otros productos.

● En plena lucha por la Independencia, en 1813, el caudillo mulato José María Morelos instaló en Chilpancingo un Congreso que abolió la esclavitud y votó por el reparto de los latifundios.

● En la llamada Costa Chica, que comienza al este de Acapulco y se extiende a Oaxaca, hay importantes comunidades de afrodescendientes, herederos de la "tercera raíz" del mestizaje mexicano.

ACAPULCO.

DATOS BÁSICOS

Capital: *Chilpancingo de los Bravo*
Municipios: 81
Extensión: 63 621 km^2
Porcentaje del territorio nacional: 3.2%
Estados colindantes: Michoacán, Estado de México, Morelos, Puebla y Oaxaca
Número de habitantes: 3 115 202
Principal sector económico: turismo

MICHOACÁN · ESTADO DE MÉXICO · MORELOS · PUEBLA · OAXACA · OCÉANO PACÍFICO · CHILPANCINGO DE LOS BRAVO · Acapulco de Juárez · Punta Diamante · Zihuatanejo · Iguala · Taxco de Alarcón · Pta. Maldonado · Ometepec

Hidalgo

Ubicado en la meseta central de la república mexicana, el estado de Hidalgo es irrigado por las cuencas de la región del Pánuco. Su temperatura y precipitación pluvial oscilan en rangos extremos. Casi la mitad dè su superficie está dedicada a la agricultura, con cultivos cíclicos como maíz, cebada y frijol, y productos perennes como café, alfalfa, naranja y caña. La actividad forestal se centra en la explotación de pino y encino, y la minería se dedica, fundamentalmente, al beneficio de minerales no metálicos. Entre los habitantes se cuentan hablantes de lenguas indígenas, sobre todo de náhuatl y otomí.

DATOS BÁSICOS

Capital: *Pachuca de Soto*
Municipios: 84
Extensión: 20 846 km^2
Porcentaje del territorio nacional: 1.1%
Estados colindantes: Estado de México, Querétaro, San Luis Potosí, Veracruz, Puebla y Tlaxcala
Número de habitantes: 2 345 514
Principal sector económico: silvicultura y minería

● *En el sitio arqueológico de Tula destaca el templo de Tlahuizcalpantecuhtli, cuyo vestigio más importante es el conjunto de Atlantes, representaciones monumentales de guerreros armados.*

● *Real del Monte, a unos cuantos kilómetros de la capital, es una de las regiones pobladas más altas del país, pues se ubica a 2 660 msnm. Gracias a los mineros ingleses que lo habitaron en el siglo XIX, la práctica del futbol se introdujo a México.*

● *La región de Apan sigue siendo famosa por la calidad de su pulque. A principios del siglo XX desde allí partían los trenes cargados con toneles para surtir a pulquerías y familias de la Ciudad de México. Por la expansión de la cerveza, beberlo ha caído en desuso.*

Tula.

JALISCO

Situado entre la Sierra Madre Occidental, al norte, y el Eje Neovolcánico y la Sierra Madre del Sur, al sur, el estado occidental de Jalisco presenta elevaciones como el Nevado de Colima (4 620 msnm) —un antiguo macizo volcánico inactivo— y el cerro Viejo (2 960 msnm); cuenta con siete regiones hidrológicas y comparte con Michoacán el lago de Chapala, el cuerpo de agua dulce más grande del país. En su caprichosa traza política destaca la Región Norte, un enclave conformado por diez municipios que se ramifican al interior de Zacatecas, a la altura de la Sierra de los Huicholes. En la superficie del estado predomina el bosque, casi 25% se destina a la agricultura y hay selva en más de 20% del territorio.

ZAPOPAN.

Habitada originalmente por diversas etnias indígenas, en la época colonial el área actual del estado formó parte del Reino de la Nueva Galicia. En 1768, a consecuencia de las reformas borbónicas, ésta se transformó en la Intendencia de Guadalajara. Las grandes riquezas y la intensa actividad económica en la zona le dieron cierta autonomía dentro de la Nueva España y la convirtieron en una de las regiones más ricas de América. Esa importancia prevaleció después de la Independencia y se extiende hasta el presente. Por su tamaño, Jalisco es el quinto estado de la república mexicana y aporta 6.3% al producto interno bruto nacional; 86% de su población es urbana y gran parte de ella se asienta en el municipio de Guadalajara, una de las ciudades más importantes del país en términos culturales, industriales, económicos y tecnológicos.

GUADALAJARA.

● *Jalisco ha dado a México sus símbolos nacionales más distintivos en el mundo: el tequila (producido en el municipio del mismo nombre, y ahora protegido con la denominación de origen) y los mariachis, conjuntos de cámara que interpretan música vernácula.*

● *Guadalajara es un destacado centro de investigación informática y producción de software. Es también la sede de la Feria Internacional del Libro de Guadalajara, un evento anual celebrado a partir de 1987 y considerado el más relevante en su tipo en el mundo editorial de habla hispana.*

● *La zona de los Altos de Jalisco corresponde al extremo oriental del estado y abarca 11% del territorio. Sus municipios más destacados son Lagos de Moreno y San Juan de los Lagos. En dicha región se libraron arduas batallas durante la guerra Cristera (1926-1929).*

● *Entre los jaliscienses ilustres sobresale el arquitecto Luis Barragán (1902-1988), el único mexicano que ha recibido —en 1980— el Premio Pritzker, que distingue las construcciones funcionales y creativas de máxima calidad.*

● *La Universidad de Guadalajara se fundó el 12 octubre de 1791. En términos de matrícula es la segunda, a nivel nacional, después de la Universidad Nacional Autónoma de México.*

DATOS BÁSICOS

Capital: *Guadalajara*
Municipios: 125
Extensión: 78 599 km^2
Porcentaje del territorio nacional: 4.0%
Estados colindantes: Michoacán, Colima, Nayarit, Zacatecas, Aguascalientes, Guanajuato y un vértice del estado de Durango
Número de habitantes: 6 752 113
Principal sector económico: comercio y operación de restaurantes y hoteles

MICHOACÁN DE OCAMPO

Con una amplia franja costera sobre el Océano Pacífico, el estado abarca una importante sección de la Sierra Madre del Sur y cuenta con vastas cuencas hidrológicas que forman cuatro regiones: Lerma-Santiago, Armería y Coahuayana, la Costa de Michoacán y la región del Balsas. En su hidrografía sobresalen una sección del lago de Chapala y el célebre lago de Pátzcuaro. La superficie se reparte, en proporciones casi iguales, entre las selvas, los bosques y las tierras de cultivo agrícola. El estado produce cultivos cíclicos, como maíz, sorgo y avena, y cultivos perennes, como aguacate, plátano, caña y durazno. Además de la ganadería hay una importante captura pesquera de decenas de especies. El municipio de Morelia alberga a 15% de la población.

- En 1533 llegó a Michoacán Vasco de Quiroga, oidor de la Segunda Audiencia que protegió a los purépechas, creó el Colegio de San Nicolás, estableció un hospital y difundió técnicas agrícolas entre los indígenas. En 1536 fue nombrado obispo de Michoacán.

- Después de la Revolución y gracias al gobierno del general Lázaro Cárdenas (1928-1932), en el estado se llevó a cabo un efectivo reparto agrario que impulsó la producción agrícola.

- La óptima conservación del centro histórico de Morelia (antigua Valladolid) y sus edificios coloniales permitieron que en 1991 dicha zona fuera declarada Patrimonio Cultural de la Humanidad por la UNESCO.

DATOS BÁSICOS

Capital: *Morelia*
Municipios: 113
Extensión: 58 643 km^2
Porcentaje del territorio nacional: 3.0%
Estados colindantes: Colima, Jalisco, Guanajuato, Querétaro, Estado de México y Guerrero
Número de habitantes: 3 966 073
Principal sector económico: agricultura y ganadería

MARIPOSAS MONARCA.

MORELOS

Situado en la parte meridional del centro de la república, las principales elevaciones de Morelos son volcánicas, como el Popocatépetl, el Ololica y el Tesoyo. Presenta dos cuencas regiones hidrológicas (Balsas y Pánuco) y las importantes lagunas de Coatetelco y Tequesquitengo. Su clima cálido y húmedo explica la vegetación selvática que ocupa una tercera parte del territorio, mientras la mitad de la superficie estatal se dedica a la agricultura. Una cuarta parte de los habitantes se ubica en el municipio de Cuernavaca, la ciudad capital, hasta donde se extiende la influencia social, económica y demográfica de México, D. F. En el estado se cuentan unas treinta mil personas de lengua indígena de las etnias náhuatl, mixteca y mazahua, entre otras. Aparte de los servicios, son significativas para el PIB estatal las industrias manufacturera y turística.

DATOS BÁSICOS

Capital: *Cuernavaca*
Municipios: 33
Extensión: 4 893 km^2
Porcentaje del territorio nacional: 0.2%
Estados colindantes:
Guerrero, Estado de México, Ciudad de México, Distrito Federal y Puebla
Número de habitantes: 1 612 899
Principal sector económico: turismo y manufacturero

● El sitio arqueológico más importante del estado es Chacaltzingo, de probable origen olmeca, edificado hace tres mil años. El origen de Xochicalco, un observatorio del periodo clásico, aún intriga a los investigadores.

● El personaje histórico más importante del estado es el líder revolucionario Emiliano Zapata (1879-1919), llamado el "Caudillo del Sur". Nació y murió asesinado en localidades del estado (San Miguel Anenecuilco y Chinameca, respectivamente).

● Malcolm Lowry (1909-1957), el escritor británico que residió en el estado en la década de 1930, ubica en él la acción de su novela Bajo el volcán, *una de las obras literarias más importantes del siglo* XX.

Ex convento de la Natividad, Tepoztlán, Morelos.

NUEVO LEÓN

E n la peculiar separación política de Nuevo León con respecto a otras entidades federativas destaca su pequeña salida a Estados Unidos de América, al norte del río Camarón, y la curiosa estructura de "mango de sartén" (*panhandle*) con que Tamaulipas se inserta al noreste del territorio neoleonés. Las grandes elevaciones del estado son el cerro El Morro (a 3 710 msnm), la sierra Peña Nevada (3 540) y la sierra El Viejo (3 500). Irriga al estado, especialmente del centro al norte, una rica red fluvial y en la misma área destacan los parques naturales Cumbres de Monterrey, Camargo y El Sabinal. Casi tres cuartas partes de la entidad están cubiertas por matorrales, un 10% corresponde a bosques y menos de ese porcentaje se destina a la agricultura. Un aspecto de especial interés es la fauna neoleonesa, correspondiente a la gran llanura de Norteamérica, que incluye osos, lobos, ciervos y venados.

Las primeras incursiones españolas fueron tempranas y entre los expedicionarios se distinguió Álvar Núñez Cabeza de Vaca, en la década de 1530. Cinco décadas después Luis Carvajal fundó en la zona el Nuevo Reino de León. Si bien durante la Colonia la principal actividad económica fue la agricultura, a fines del siglo XIX —después de la grave invasión estadounidense y la pérdida de gran parte del territorio nacional— Nuevo León despegó como una gran potencia industrial, centrada inicialmente en la cerveza, el vidrio y la siderurgia. Gracias a ella se fortaleció la infraestructura de comunicaciones y transportes, y se crearon centros de excelencia educativa, como la Universidad Autónoma de Nuevo León (1933) y el Instituto Tecnológico y de Estudios Superiores de Monterrey (1943). El municipio de Monterrey, que incluye a la ciudad capital, es hoy el más importante centro financiero del norte. Nuevo León aporta 7.5% del PIB Nacional.

DATOS BÁSICOS
Capital: *Monterrey*
Municipios: 51
Extensión: 64 220 km^2
Porcentaje del territorio nacional: 3.3%
Estados colindantes: San Luis Potosí, Tamaulipas, Coahuila, un vértice de Zacatecas y Estados Unidos
Número de habitantes: 4 199 292
Principal sector económico: siderurgia

La lechuguilla, abundante en los matorrales neoleoneses, proporciona una fibra vegetal de gran resistencia a la tensión. Aunque su importancia económica ha decaído por conflictos de intereses, hoy se estudia su uso en la industria de la construcción.

CAÑÓN DE LA HUASTECA.

● A lo largo del siglo XVII llegaron a la región decenas de frailes y religiosos que edificaron misiones, conventos y templos para evangelizar —y someter— a los rebeldes grupos indígenas.

● En la ciudad de Monterrey hay museos que, por su calidad e interés, compiten con los de México, D. F. Sobresalen el Museo de Arte Contemporáneo de Monterrey (MARCO) y el Museo de Historia Mexicana.

● El cabrito es el platillo típico de Nuevo León. Su ingrediente principal es una cabra de tres semanas de nacida, que se condimenta y se hornea. Su complemento ideal son las tortillas de harina y la llamada "salsa borracha" que incluye uno poco de cerveza.

● El área metropolitana de Monterrey la "Sultana del norte", es la tercera más poblada del país, después de las de México, D. F. y Guadalajara, Jalisco.

NAYARIT

A la superficie del estado, que cuenta con las sierras El Pinabe-
te y los Huicholes, se suman los archipiélagos de las Islas
Marías (María Madre, María Magdalena y María Cleofás) y el de
las Marietas. En su hidrografía, además del río Ameca, que marca
su frontera sur con Jalisco, sobresalen al norte las lagunas de las
Flores, Agua Brava y Huaritapa, un sistema de deltas y bahías en
la costa del Pacífico. Alrededor de 40% de la superficie estatal está
cubierta de selvas que prosperan en un clima cálido húmedo con
lluvias abundantes en verano. Una quinta parte del PIB estatal es
aportado por la actividad agropecuaria, silvícola y pesquera; esta
última comercializa especies como camarón, mojarra, huachinan-
go, robalo, corvina y bagre. En las sierras del estado se asientan
comunidades coras, huicholes, tepehuanas y mexicaneras.

DATOS BÁSICOS

Capital: *Tepic*
Municipios: 20
Extensión: 27 815 km²
**Porcentaje del territorio
nacional:** 1.4%
Estados colindantes:
Sinaloa, Durango, Jalisco
y un vértice de Zacatecas
Número de habitantes:
949 684
Principal sector económico:
agricultura, silvicultura y
pesca

*PALACIO DE
GOBIERNO, TEPIC,
NAYARIT.*

● En el siglo XIX la
historia regional estuvo
dominada por el héroe
popular Manuel Lozada
(1828-1873), el "Tigre
de Álica", invencible
defensor de indígenas y
campesinos que controló
la zona por dos décadas.

● Originalmente Nayarit
formó parte de Jalisco.
En 1867 se convirtió en
un Distrito Militar, con
base en Jalisco; en 1884
se erigió como territorio
federal y sólo hasta
1917, al término de la
Revolución, se convirtió
en estado federal.

● La costa nayarita
alcanza cada vez mayor
importancia como destino
de playa. Algunas
localidades apenas
empiezan a desarrollarse
como centros vacacionales.
Otras, como Punta Mita,
ya cuentan con una sólida
infraestructura turística
de clase mundial.

OAXACA

Atravesado por la Sierra Madre de Oaxaca y la Sierra Madre del Sur que llega, al Oriente, hasta el istmo de Tehuantepec, Oaxaca presenta ocho regiones hidrológicas de abundantes caudales y la mayor sección del territorio se reparte entre los bosques y las selvas. Les siguen, en importancia, las tierras de cultivo y los pastizales. La biodiversidad de especies animales en la zona es muy destacada; se encuentran presentes en ella el águila real y el halcón; el lagarto y la lechuza; el mono araña y la serpiente cola blanca. Moran en la zona más de un millón de personas de habla indígena, como el mixteco y el zapoteco, cuyas herencias centenarias hacen a Oaxaca uno de los estados de mayor diversidad cultural en la república mexicana. La mayor parte de los habitantes se concentra en los Valles Centrales y en la capital, Oaxaca de Juárez, donde la fuerza laboral se dedica al sector servicios.

DATOS BÁSICOS

Capital: *Oaxaca de Juárez*
Municipios: 570
Extensión: 93 793 km^2
Porcentaje del territorio nacional: 4.8%
Estados colindantes:
Guerrero, Puebla, Veracruz y Chiapas
Número de habitantes:
3 506 821
Principal sector económico: sivicultura y agricultura

● *La ciudad capital del estado fue originalmente un asentamiento mexica fundado por el emperador Ahuízotl. Por la riqueza de sus edificios coloniales, el centro histórico de la ciudad fue declarado Patrimonio Cultural de la Humanidad por la UNESCO, en 1987.*

● *Los dos hijos más ilustres del estado son Benito Pablo Juárez García (1806-1872), presidente constitucional de 1858 a 1872 y artífice del México moderno; y José de la Cruz Porfirio Díaz Mori (1830-1915), máximo líder político del país entre 1876 y 1911.*

● *La Guelaguetza, celebrada en el mes de julio para honrar a la virgen del Carmen, está enraizada en las prácticas tradicionales zapotecas de compartir cosechas. La Noche de los Rábanos, el 23 de diciembre, es una destacada celebración agrícola.*

TEMPLO DE SANTO DOMINGO EN OAXACA.

PUEBLA

VERACRUZ

Loma Bonita

Huajuapan de León

San Juan Bautista Cuicatlán

San Juan Bautista Tuxtepec

San Juan Bautista Coixtlahuaca

San Ildefonso

Villa Alta

Silacayoapan

Heroica Ciudad de Tlaxiaco

San Ildefonso Villa Alta

Santiago Juxtlahuaca

OAXACA

Ixtlán de Juárez

Matías Romero

Putla Villa de Guerrero

Monte Albán

Tlacolula de Matamoros

GUERRERO

Zimatlán de Álvarez

Sta. Lucía Ocotlán

Ciudad Ixtepec

Santiago Pinotepa Nacional

VillaSola de Vega

Santo Domingo Tehuantepec

Niltepec

CHIAPAS

Juchitán de Zaragoza

Santiago Jamiltepec

Sta. Catarina Juquila

Miahuatlán de Porfirio Díaz

Salina Cruz

Santa María Huatulco

Puerto Escondido

San Pedro Pochutla

Golfo de Tehuantepec

OCÉANO PACÍFICO

PUEBLA

Las elevaciones más importantes en el estado de Puebla, enclavado en la porción sureste del Altiplano mexicano, son los volcanes Citlaltépetl (que comparte con Veracruz), Popocatépetl (que comparte con Morelos y el Estado de México) e Iztaccíhuatl (que comparte con el Estado de México). Sus abundantes cuencas hidrológicas surten presas como Valsequillo y Apulco y hacen posible multitud de cultivos de frutas y vegetales en la actividad agrícola practicada en 40% de la superficie estatal. Con un medio millón de hablantes de alguna lengua indígena, 71% de su población es urbana y 29% rural. Puebla de Zaragoza, que honra en su nombre al comandante Ignacio Zaragoza —quien derrotó a los invasores franceses en la batalla del 5 de mayo de 1862— cuenta con importantes centros universitarios que atienden a casi cien mil alumnos.

DATOS BÁSICOS

Capital: *Heroica Puebla de Zaragoza*
Municipios: 217
Extensión: 34 290 km^2
Porcentaje del territorio nacional: 1.8%
Estados colindantes: Oaxaca, Guerrero, Morelos, Estado de México, Tlaxcala y Veracruz
Número de habitantes: 5 383 133
Principal sector económico: industria manufacturera

PIRÁMIDE DE CHOLULA.

● *El estado ha aportado a la gastronomía mexicana sus dos platillos nacionales: el mole poblano y los chiles en nogada. Pero aparte de éstos ofrece exquisitas recetas, como la tinga y las chalupitas, y un amplio repertorio repostero en el que sobresalen los camotes confitados.*

● *Colindante con la ciudad capital, el municipio San Pedro Cholula ejemplifica el proceso de la historia mexicana. El 18 de octubre de 1519 los invasores españoles victimaron a seis mil indígenas civiles y desarmados. En la época colonial se edificaron allí decenas de iglesias.*

● *En las cercanías de Tonantzintla se encuentra un importante observatorio astronómico que funciona a partir de 1942. En otra región del estado, en la cúspide del volcán Sierra Negra, se halla el Gran telescopio milimétrico, el mayor del mundo en su rango de frecuencia.*

QUERÉTARO

Ubicado en el centro de la república, Querétaro presenta dos regiones hidrológicas, la Lerma-Santiago y la del Pánuco. En su relieve descuellan la Sierra Queretana y la Sierra Gorda. Esta última, con sus numerosas formas de vida, quedó convertida en una reserva de la biosfera mediante un decreto presidencial de 1997. Se han registrado en ella 621 vertebrados (incluyendo poblaciones de las seis especies de felinos que habitan el territorio nacional) y 2 308 especies de plantas vasculares. Una tercera parte de la superficie estatal se centra en la agricultura con cultivos cíclicos y perennes. Casi la mitad de la población reside en el municipio de Querétaro, donde 40% de la fuerza laboral se dedica al sector servicios. Las principales manufacturas de la entidad son productos metálicos y alimenticios.

DATOS BÁSICOS

Capital: *Santiago de Querétaro*
Municipios: 18
Extensión: 11 684 km²
Porcentaje del territorio nacional: 1.5%
Estados colindantes: Guanajuato, San Luis Potosí, Hidalgo, Estado de México y Michoacán
Número de habitantes: 1 598 139
Principal sector económico: industria manufacturera

● *La Sierra Gorda de Querétaro destaca también por las cinco misiones franciscanas establecidas allí a partir del siglo XVIII: Jalpan, Concá, Tancoyol, Landa y Tilaco. Hoy forman parte de la lista patrimonial de la UNESCO.*

● *Querétaro se considera la cuna de la Independencia de México. En la casa del corregidor Manuel Domínguez y su esposa Josefa Ortiz se realizaron las reuniones secretas para organizar el levantamiento de 1810.*

● *El 5 de febrero de 1917, en el Teatro de la República de la capital estatal (Santiago de Querétaro, llamada así en honor del apóstol Santiago), se promulgó la Constitución Política de los Estados Unidos Mexicanos, vigente a la fecha.*

CATEDRAL DE QUERÉTARO.

QUINTANA ROO

El estado más joven de la federación (junto con Baja California Sur obtuvo esa calidad en 1974) presenta las características distintivas del relieve en la península de Yucatán: un suelo predominantemente calizo, con grandes llanuras, escasas elevaciones y numerosos ríos subterráneos. Más de 90% de su territorio está compuesto por selvas, donde prospera la fauna neotropical con especies representativas como serpientes, tortugas, lagartos y jaguares. Casi la mitad de la población estatal habita el municipio de Benito Juárez, cuya cabecera es Cancún, el principal centro económico de la entidad. Chetumal, cabecera del estado y del municipio de Othón P. Blanco, alberga apenas a 10% de los habitantes del estado. Casi 15% de los quintanarroenses hablan alguna lengua indígena.

DATOS BÁSICOS

Capital: *Chetumal*
Municipios: 8
Extensión: 42 361 km^2
**Porcentaje del territorio
  nacional:** 2.2%
Estados colindantes:
  Campeche, Yucatán y Belice
Número de habitantes:
  1 135 309
Principal sector económico:
  comercio, restaurantes
  y hoteles

● *Chetumal fue la sede de un antiguo cacicazgo maya. Hasta 1936 llevó por nombre Payo Obispo. Es el asiento de los poderes estatales y el sitio donde el Legislativo promulgó la constitución local, en 1975.*

● *La ciudad amurallada de Tulum, edificada por los mayas, se ubica en la costa del Mar Caribe. Sus principales edificios, como El Castillo, fueron levantados entre los siglos XIII y XV. A la llegada de los españoles aún estaba habitada.*

● *En 2005 el huracán Wilma, uno de los meteoros más destructivos del pasado reciente en México, dejó daños en la infraestructura habitacional, urbana y turística de Quintana Roo calculados en cinco millones de dólares.*

XEL HA, QUINTANA ROO.

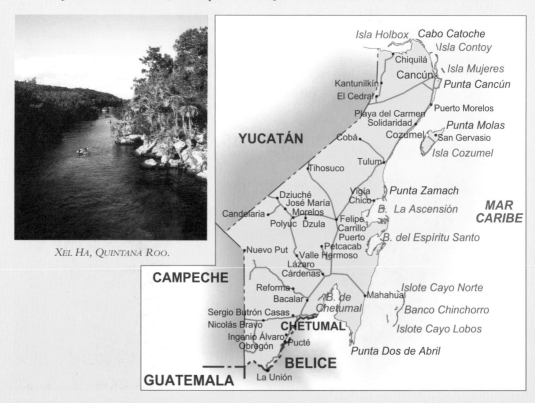

SAN LUIS POTOSÍ

Emplazado hacia el norte del Altiplano central, San Luis Potosí presenta cuatro regiones geográficas distintivas (Huasteca, Media, Centro y Altiplano). Sus principales elevaciones son el cerro Grande (3 180 metros sobre el nivel del mar) y varias sierras locales: la de Catorce, la de Coronado y la de los Labrillos, por mencionar algunas. Cuenta con tres regiones hidrológicas y en 65% de su superficie crecen matorrales con grandes nopaleras y mezquites. Alrededor de 13% de los suelos se ocupan en la agricultura. En el ámbito de las manufacturas sobresalen la producción de alimentos, bebidas y tabacos, así como la elaboración de productos metálicos y piezas textiles. Una tercera parte de la población se concentra en el municipio de San Luis Potosí, cuya cabecera es también la capital del estado, ciudad que conserva un rico patrimonio arquitectónico de la época colonial.

DATOS BÁSICOS

Capital: *San Luis Potosí*
Municipios: 58
Extensión: 60 983 km^2
Porcentaje del territorio nacional: 3.1%
Estados colindantes: Hidalgo, Querétaro, Guanajuato, un vértice de Jalisco, Zacatecas, Nuevo León, Tamaulipas y Veracruz
Número de habitantes: 2 410 414
Principal sector económico: industria manufacturera

HUASTECA POTOSINA.

● *El plato típico del estado son las enchiladas potosinas, elaboradas con una masa a la que se agrega chile ancho molido y rellenas de queso guisado. Su postre más representativo es el "queso" de tuna y las rebanadas de biznaga confitadas.*

● *En la agitada historia contemporánea de San Luis destaca el periodo 1943-1958, cuando el estado vivió bajo el cacicazgo del latifundista Gonzalo N. Santos.*

● *Matehuala, fundada en 1550, es una ciudad relevante en el norte del estado. Cuenta con sus propias radiodifusoras locales, dos periódicos y un canal de televisión. Su hijo más célebre es José de León Toral (1900-1929), el asesino de Álvaro Obregón.*

● *Los principales centros educativos de la entidad son la Universidad Autónoma y el Instituto Tecnológico. Hay también un campus del Instituto Tecnológico y de Estudios Superiores de Monterrey.*

SINALOA

Situado en las costas del Golfo de California y el Océano Pacífico, en donde se forman puntas, bahías y esteros, parte del estado de Sinaloa se ubica en la zona de la Sierra Madre Occidental. El trópico de Cáncer lo atraviesa al sur y sus principales elevaciones son el picacho Los Frailes (3 180 msnm) y la mesa San Bartolo (2 520 msnm). Su temperatura media anual oscila entre los 24.2 y los 25.6°C y la precipitación promedio se halla en el rango de 433.5-926.4 mm. La selva abarca 40.9% del estado y una proporción semejante es tierra cultivada donde crecen cultivos cíclicos y perennes. Sinaloa es el principal productor mexicano de jitomate y destina gran parte de la cosecha a la exportación.

● En el origen de la entidad sobresalen dos fechas: 1531, cuando Nuño Beltrán de Guzmán estableció una población llamada San Miguel de Culiacán, y 1585, cuando nuevos colonos fundaron San Felipe de Sinaloa.

● Aunque Culiacán es la capital del estado, compite con ella en importancia el puerto de Mazatlán gracias a su infraestructura turística, su flota pesquera y el comercio marítimo.

● La pulsante actividad económica del estado y su estabilidad social se han visto entorpecidas por los delitos de los grupos del crimen organizado dedicados al narcotráfico.

DATOS BÁSICOS

Capital: *Culiacán*
Municipios: 18
Extensión: 57 377 km^2
Porcentaje del territorio nacional: 2.9%
Estados colindantes: Sonora, Chihuahua, Durango y Nayarit
Número de habitantes: 2 608 442
Principal sector económico: agricultura, turismo

CATEDRAL DE CULIACÁN, SINALOA.

SONORA

E n su vasto territorio, que incluye la Isla Tiburón y se extiende a lo largo del Golfo de California, Sonora presenta cinco regiones hidrológicas, profusamente irrigadas, así como la vasta zona del desierto al centro, norte y noroeste, y la región correspondiente a la Sierra Madre Occidental. Casi la mitad del territorio está cubierto de matorrales y cuenta con especies como zorro, lince, mapache, ocelote y monstruo de Gila. Su capital, Hermosillo, reúne a una tercera parte del estado y su fuerza laboral se concentra en el sector de los servicios. Tradicionalmente ha sido el más destacado centro comercial, financiero, político y cultural de la región. Por su actividad portuaria y pesquera Guaymas es de especial importancia.

DATOS BÁSICOS

Capital: *Hermosillo*
Municipios: 72
Extensión: 179 503 km^2
Porcentaje del territorio nacional: 9.2%
Estados colindantes: Baja California, Chihuahua, Sinaloa y Estados Unidos de América
Número de habitantes: 2 394 861
Principal sector económico: comercio, restaurantes y hoteles

● *Uno de los conflictos históricos más largos y complejos en el estado fue la guerra contra los indígenas yaquis reacios a entregar sus dominios. Iniciado en la época colonial, se resolvió hasta el siglo XX, con el reparto agrario de Lázaro Cárdenas.*

● *José María González Hermosillo (murió en 1819) fue un prócer jalisciense que combatió en el noreste de México durante la Guerra de Independencia. Como un tributo a su memoria, la capital de Sonora (hasta entonces llamada Villa del Pitic) se llama Hermosillo desde 1828.*

● *Entre las instituciones de educación superior del estado la más importante es la Universidad de Sonora, establecida en la capital. En ella se imparten 31 licenciaturas para una población estudiantil de 30 000 personas.*

DESIERTO DE SONORA.

TABASCO

L a peculiar traza de Tabasco, ubicado en el Golfo de México, forma un cuello que se abre en una amplia sección al este colindante con la República de Guatemala. Las elevaciones más destacadas de su territorio, como las sierras Madrigal y Tapijulapa, no superan los 900 metros sobre el nivel del mar. El estado cuenta con muy numerosos lagos, lagunas y ríos. Entre estos últimos son destacados el Usumacinta, el Grijalva y el Mezcalapa. La superficie se reparte, fundamentalmente, entre pastizales, cultivos y tulares, pero también hay selvas y mangles habitados por una riquísima fauna con diversas aves. Aunque los servicios componen la mayor parte del PIB, la extracción de petróleo crudo y gas natural aportan un décimo del PIB nacional por ese rubro. La población se divide, en partes casi iguales, en asentamientos urbanos y rurales.

DATOS BÁSICOS

Capital: *Villahermosa*
Municipios: 17
Extensión: 24 738 km^2
Porcentaje del territorio nacional: 1.3%
Estados colindantes: Veracruz, Chiapas, Campeche y Guatemala
Número de habitantes: 1 989 969
Principal sector económico: industria petrolera

● *Hace tres milenios en la zona de Tabasco se desarrolló la civilización olmeca, considerada la cultura fundacional de Mesoamérica. Uno de sus vestigios más notables es La Venta. Posteriormente el área recibió influencia maya y mexica.*

● *El origen de Villahermosa se remonta a los primeros tiempos de la invasión española, cuando Hernán Cortés estableció, al lado del río Grijalva, el asentamiento español de Santa María de la Victoria. Por su emplazamiento ha sufrido inundaciones cíclicas, la más grave en 2007.*

● *Tomás Garrido Canabal (1890-1943) gobernó Tabasco en tres periodos discontinuos entre 1919 y 1934. De ideología fascista, fundó el cuerpo juvenil de los "Camisas rojas" y persiguió ferozmente a los católicos.*

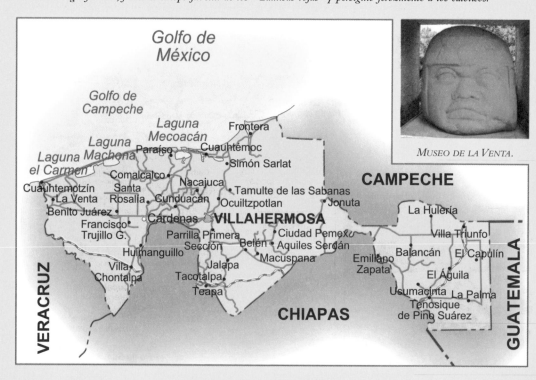

MUSEO DE LA VENTA.

TAMAULIPAS

Con la peculiar estructura de "mango de sartén" (*panhandle*) la región norte del estado de Tamaulipas se introduce, en una estrecha y prolongada franja, entre Nuevo León y Estados Unidos. La Sierra Madre Oriental cruza el sudoeste del estado donde también destaca la Sierra de Tamaulipas, a la altura del Trópico de Cáncer. En la costa del Golfo, la Laguna Madre es el cuerpo de agua costero más amplio del país y se extiende por 220 km. Aunque los poderes residen en Ciudad Victoria, son muy relevantes en términos de actividad económica, Tampico y Ciudad Madero, en el extremo sur, así como Heroica Matamoros y Nuevo Laredo en la colindancia con Estados Unidos. El estado produce petrolíferos y petroquímicos. En la refinería de Petróleos Mexicanos en Ciudad Madero se procesa 13% de todo el petróleo crudo mexicano.

● *Se estima que, antes de la conquista, la región estuvo habitada por más de cien diferentes grupos indígenas. Uno de ellos se asentó en la zona hace más de ocho mil años.*

● *La expedición de Francisco Javier Mina, el liberal español que vino a apoyar la lucha de Independencia en 1817, llegó al país por el puerto de Soto la*

Marina. Allí también desembarcó, en 1824, Agustín de Iturbide, a quien fusilaron en la población de Padilla.

● *Reynosa, fundada en 1749 por José de Escandón y Helguera, es la ciudad más poblada del estado. Con más de seiscientos mil habitantes es la conurbación número 23 (en términos de población) de México.*

Nuevo Laredo

EUA

Nueva Ciudad Guerrero
Ciudad Mier
Miguel Alemán
Ciudad Camargo
Ciudad Gustavo Díaz Ordaz
Reynosa
Cd. Río Bravo
Matamoros
Barra el Conchillal
Valle Hermoso
Méndez

NUEVO LEÓN

Burgos
San Fernando
Villa Mainero
San Carlos
Cruillas
Villagrán
Santander Jiménez
Hidalgo
Nuevo Padilla
Abasolo
Soto la Marina
Miquihuana
CIUDAD VICTORIA
Bustamante
Jaumave
Gómez Farías
Ciudad Tula
Xicoténcatl
Aldama
Ciudad Mante
Nuevo Morelos
Antiguo Morelos
Altamira
Miramar
Cd. Madero
Tampico

Laguna Madre

Barra Los Americanos

Golfo de México

Bahía Algodones

Barra Soto La Marina

SAN LUIS POTOSÍ

DATOS BÁSICOS

Capital: *Ciudad Victoria*
Municipios: 43
Extensión: 80 175 km^2
Porcentaje del territorio nacional: 4.1%
Estados colindantes: Veracruz, San Luis Potosí, Nuevo León y Estados Unidos
Número de habitantes: 3 024 238
Principal sector económico: industria petrolífera, restaurantes y hoteles

PLAYA RANCHO NUEVO, SANTUARIO DE TORTUGAS MARINAS.

TLAXCALA

Ubicado al sudeste de la Mesa Central, Tlaxcala cuenta con notables elevaciones como el volcán Matlacuéyetl o la Malinche, a 4 420 metros sobre el nivel del mar. En su territorio hay tres regiones hidrológicas y destacan las lagunas de Tuchuc, Vicencio y Jalnene. Más de 80% de su superficie se destina a la agricultura con cultivos como maíz, trigo, cebada, frijol, calabaza, alfalfa, duraznos, peras, ciruelas y manzanas. En la última década el sector servicios ha ido ganando terreno a la industria manufacturera en la composición sectorial del PIB. Se concentra en la producción de productos alimenticios, bebidas y tabaco. En términos de superficie es el estado más pequeño del país, aunque supera en extensión a México, D. F.

● *En tiempos prehispánicos Tlaxcala era una suerte de confederación integrada por cuatro señoríos. Después de algunos enfrentamientos iniciales, los tlaxcaltecas apoyaron a los españoles en su embate contra los mexicas. Ello les mereció mantener un gobierno indígena autónomo durante la época colonial.*

● *En Huamantla, uno de los municipios del estado, la feria patronal —en honor de la virgen de la Caridad— se celebra los días 14 y 15 de agosto. Las calles principales se adornan con coloridas alfombras hechas exclusivamente de pétalos florales.*

● *El sistema judicial del estado cuenta con dos Centros de Readaptación Social y un Centro de Internamiento para los delincuentes de doce a dieciocho años de edad.*

DATOS BÁSICOS

Capital: *Tlaxcala de Xicohténcatl*
Municipios: 60
Extensión: 3 991 km^2
Porcentaje del territorio nacional: 0.2%
Estados colindantes: Puebla, Estado de México e Hidalgo
Número de habitantes: 1 068 207
Principal sector económico: agricultura, industria alimenticia

Cacaxtla.

VERACRUZ DE IGNACIO DE LA LLAVE

En el centro de la línea curva que define la forma del Golfo de México, Veracruz cuenta con seis regiones hidrológicas (entre las que sobresalen las dominadas por los ríos Papaloapan y Coatzacoalcos) e importantes elevaciones como el volcán Pico de Orizaba o Citlaltépetl (5 702 msnm), que comparte con Puebla, y el Cofre de Perote (4 200 msnm). Su clima es predominantemente húmedo y en la temporada que va de mayo a noviembre se ve afectado por huracanes. La mitad del territorio está dedicado a la agricultura —en la que destaca la producción de café— pero también sobresale la producción de petrolíferos y petroquímicos, la actividad portuaria, la pesca y la acuicultura.

DATOS BÁSICOS

Capital: *Xalapa-Enríquez*
Municipios: 212
Extensión: 71 820 km^2
Porcentaje del territorio nacional: 3.7%
Estados colindantes: Tamaulipas, San Luis Potosí, Hidalgo, Puebla, Oaxaca, Tabasco y Chiapas.
Número de habitantes: 7 110 214
Principal sector económico: agricultura, industria petrolífera

● *Veracruz ha sido el principal punto de acceso para los invasores extranjeros: los españoles —fundadores de la ciudad de Veracruz— en 1518-1519, los franceses en 1838 y 1862, y los estadounidenses en 1845 y 1914.*

● *El liberal Ignacio de la Llave (1818-1863), cuyo nombre lleva el estado, combatió a los invasores estadounidenses, a las fuerzas conservadoras durante la guerra de los Tres años y a los intervencionistas*

franceses. Gobernador de Veracruz entre 1861 y 1862 participó en la legendaria batalla de Puebla, el 5 de mayo de 1862.

● *En 2009, de acuerdo con la Secretaría de Desarrollo Social, 131 municipios de Veracruz se encontraban en grave marginación por la carencia de infraestructura urbana. Era el estado de México con mayor demanda de pisos firmes, electrificación y agua potable.*

SAN JUAN DE ULÚA.

YUCATÁN

Localizado en la sección noroeste de la península que lleva su nombre, el estado de Yucatán cuenta con un relieve poco accidentado cuya mayor altura es el cerro Benito Juárez, a 210 msnm. Carece de corrientes superficiales significativas; en contraste, cuenta con una compleja red de acuíferos subterráneos incluyendo los cenotes. Su franja costera se ubica en los límites del Golfo de México y el Mar Caribe. Destaca, en ella, el puerto de Progreso y la ría de Celestún, convertida ahora en una reserva de la biosfera. Con una elevada temperatura media de 22.3-27.7°C, el ecosistema predominante en el estado es la selva. Sólo alrededor de una décima parte del territorio se dedica a la agricultura y predomina la manufactura de textiles.

DATOS BÁSICOS

Capital: *Mérida*
Municipios: 106
Extensión: 39 612 km^2
Porcentaje del territorio nacional: 1.8%
Estados colindantes: Campeche y Quintana Roo
Número de habitantes: 1 818 948
Principal sector económico: industria manufacturera

MÉRIDA.

● Entre los siglos IV y X de nuestra era floreció en la zona la cultura maya con sus ciudades, centros ceremoniales y estructuras sociales ampliamente desarrolladas. A esa etapa siguió el periodo posclásico con la influencia tolteca, durante el cual se edificó la prodigiosa Chichén Itzá, una maravilla del mundo moderno.

● En el agitado siglo XIX, en 1834 cuando se impuso un modelo centralista de gobierno en el país, Yucatán optó por la secesión. Los hacendados ocuparon las tierras indígenas y dio comienzo la Guerra de Castas. Yucatán volvió a formar parte de México a partir de 1846.

● Por sus ingredientes y métodos de preparación, la gastronomía yucateca es una de las más atractivas del mundo. Ofrece sopas, platos fuertes (como la "cochinita pibil"), postres, licores y la siempre refrescante agua de horchata.

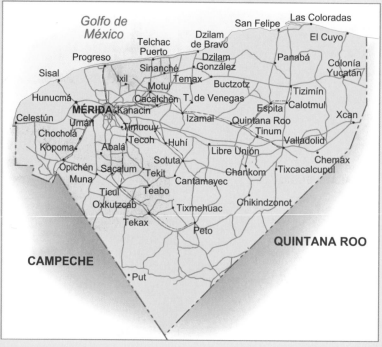

Golfo de México

Las Coloradas
San Felipe
Dzilam de Bravo
El Cuyo
Telchac Puerto
Progreso
Dzilam González
Panabá
Colonia Yucatán
Sinanché
Sisal
Temax
Ixil
Buctzotz
Tizimín
Hunucmá
Motul
Cacalchén
T. de Venegas
Calotmul
Espita
Xcan
MÉRIDA Kanacin
Celestún
Izamal
Quintana Roo
Umán
Timucuy
Tinum
Chocholá
Tecoh
Huhí
Valladolid
Kopoma
Abalá
Libre Unión
Sotuta
Chemáx
Opichén
Sacalum
Muna
Tekit
Chankom
Tixcacalcupul
Ticul
Teabo
Cantamayec
Chikindzonot
Oxkutzcab
Tixmehuac
Tekax
Peto

QUINTANA ROO

CAMPECHE

Put

ZACATECAS

Domina el relieve de la entidad la Sierra de Zacatecas, una derivación de la Sierra Madre Occidental, y la principal elevación del estado es la Sierra El Astillero, a 3 200 msnm. Zacatecas cuenta con cuatro regiones hidrológicas e importantes lagos y lagunas, como la Zacatecana, el Tule y San Juan de Ahorcados. La mayor parte del territorio está cubierta por matorrales; le siguen, en orden descendente, tierras de cultivo, pastizales y bosques. En el panorama económico el sector servicios ha desplazado del primer lugar a las industrias agropecuarias, silvícola y pesquera. La minería, una actividad practicada tradicionalmente en la zona desde la época colonial, permite que México sea el principal productor de plata en el mundo.

● *En 1892 el compositor zacatecano Genaro Codina concibió la marcha "Zacatecas", que estrenó la Banda del Estado un año después. Hoy día pocos conocen su letra, pero su melodía se ha convertido en una especie de himno popular mexicano.*

● *Dos de los más ilustres zacatecanos fueron el poeta Ramón López Velarde (1888-1921), nativo de Jerez de García Salinas y autor de "Suave Patria", y el compositor Manuel María Ponce (1882-1948), nacido en Fresnillo, autor del reconocido "Concierto romántico para piano y orquesta".*

● *La oferta artesanal del estado incluye finas confecciones de piel, sombreros, cuchillería de hierro forjado y mobiliario de madera con incrustaciones de nácar.*

DATOS BÁSICOS

Capital: *Zacatecas*
Municipios: 58
Extensión: 75 539 km^2
Porcentaje del territorio nacional: 3.9%
Estados colindantes:
  Coahuila, Durango, Jalisco, Aguascalientes, San Luis Potosí, un vértice de Guanajuato y otro de Nayarit
Número de habitantes:
  1 367 692
Principal sector económico:
  minería, silvicultura

CATEDRAL DE ZACATECAS.

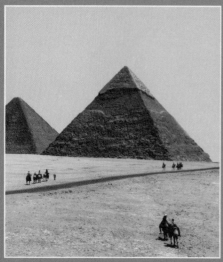

Las pirámides de Egipto, en las cercanías de El Cairo.

Un oasis en el Sahara.

ÁFRICA

Parque Nacional de los Glaciares, en las Montañas Rocosas (Estados Unidos).

Jirafas en el Parque Nacional de Amboseli (Kenia).

AMÉRICA

Cataratas de Iguazú (Argentina y Brasil).

Selva de la cuenca del río Orinoco, con el macizo de las Guayanas al fondo (Venezuela).

Panorámica del desierto de Gobi, en Mongolia.

Aspecto del centro de la ciudad de Tokio, capital de Japón.

ASIA

EUROPA

Cultivo de la vid en la región del Périgord, al este de Burdeos (Francia).

Aspecto de uno de los fiordos que siluetean la costa de Noruega.

OCEANÍA

Isla coralina en las inmediaciones de Nueva Caledonia.

Costa de Tahití (Polinesia Francesa).

ÁFRICA FÍSICO

I N D I

Is. Cosmoledo
Is. Aldabra
Arch. de las
Comores
Anjouan
Mayotte
C. Delgado
Macizo
de Tsemo
Madagascar

Is. Seychelles
Platte
Coetivy
Is. Amirantes
Providence
Farquhar
Agalega
Madagascar
Tromelin
Cargados Carajos
Mauricio
Rodriguez
Is. Mascareñas
Reunión
Long. E. 60° de Gr.

Pemba
Zanzibar
Mafia
Kilimanjaro
5895
Rovuma
B. de Sofala
Bassas da
India
Canal de Mozambique
O C É A N O

L. Victoria
L. Rukwa
L. Malawi
Zambeze
Luangwa
Mts. Inyanga
B. Lourenço
Marques

L. Kivu
L. Tanganica
L. Mweru
L. Bangweulu
Monte s   Mitumba
L. Mweru
Kafue
L. Kariba
Cataratas
Victoria
Makgadikgadi
Pans
Limpopo
Mts. Drakensberg
Thabana Ntlenyana
3482

Congo
Mts. Muchinga
Mts. Muchinga
Luapula
Zambeze
L. Kariba
Delta del
Okavango
Desierto
de
Kalahari
Ngtotop
Kompasberg
2504
Great Karoo
C. de las Agujas

Lomami
Meseta
de Katanga
Cuando
Okavango
Okavango Pan
Brandberg
2621
Damaraland
Orange
B. Santa. Elena
C. Buena Esperanza

L. Mai-Ndombe
Kasai
Meseta de Lunda
Chito
Cuito
Desierto de Namib
B. Falsa

C o n g o
Kwilu
Cubango
Etosha Pan
Ovamboland
C. Fria

Kwa
Sankuru
Kasai
Cuango
Cunene
B. de la Ballena

Cataratas
Livingstone
Cuanza
G. de
Benguela
C. Fria

Annobón
(Pagalu)
Santa. Elena
Tristán de Cunha
Gough

G u i n e a
O C É A N O
A T L Á N T I C O

Ascensión
Trópico de Capricornio

Is. Cabo
Verde

Long. E. 20° de Greenwich

1000 km
0

60°   10°   20°   10°   30°   50°   40°   10°   20°
20°   10°   0°   20°   30°   40°   40°   30°   40°

6   15°   20°   7   8   10°   20°   30°   40°   9   10

77

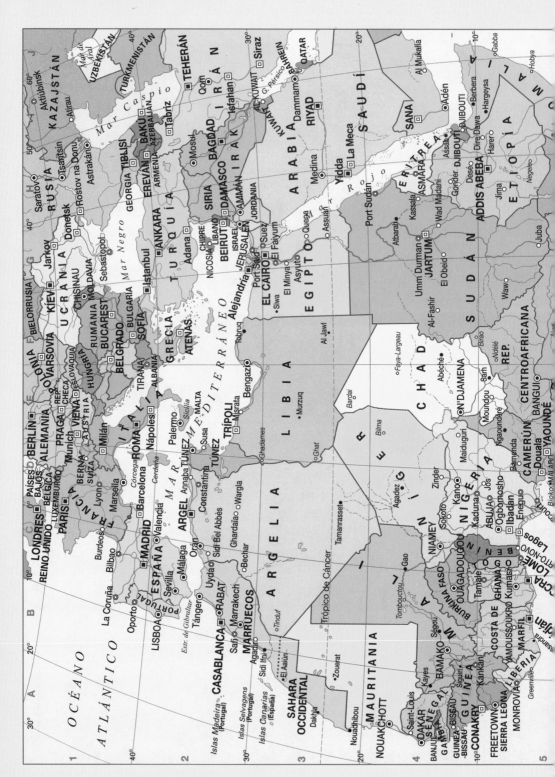

CABO VERDE

6

15°

●PRAIA

20°

Ascensión
(R. U.)

Pagalu
(Guinea Ecuat.)
Port-Gentil

Poite-Noire
CABINDA (Angola)
Boma
BRAZZAVILLE●
REP. D...
KINSHASA
●Matadi ●Kikwit
LUANDA■

Bengueĺa
Lobito

A N G O L A

Huambo
Lubango

Malanje
Saurimo

Tshikapa
Kamina
Kananga
Kalemie
Kolwezi Likasi
●Lubumbashi
Kitwe-Nkana●
Ndola●
Luanshya●
Kabwe●

●Mongu
Cuito Cuanavale
Menongue

N A M I B I A

Swakopmund●
Walvis Bay●
WINDHOEK■

Lüderitz

Santa Elena
(R. U.)

Trópico de Capricornio

Tristan de Cunha
(R. U.)

Gough
(R. U.)

Kindu●
Bukavu●
Bandundu

DEMOCRÁTICA
DANDA●KIGALI
●Bujumbura
BURUNDI
BUJUMBURA■
Kigoma●
●Tabora
Kasama●

DEL CONGO

Z A M B I A
LUSAKA■
Livingstone●

Serowe●
BOTSWANA
GABORONE■
Maun●

Tsumeb

NAIROBI■
Mombasa●
Arusha●
Tanga●
Zanzíbar●
DODOMA (Angola)
TANZANIA
Mbeya●
Mtwara

DAR ES SALAAM■

KIGALI

Pemba●

●Kitwe
LILONGWE■
MALAWI
Blantyre●
Tete●

Nampula
Nacala
Kilimane●

*Bassas
da India
(Francia)*

HARARE■
ZIMBABWE
Bulawayo●
Gweru●

M O Z A M B I Q U E

Beira●

●Xai-Xai
MAPUTO■
SWAZILANDIA
●MBABANE

Pietermaritzburg

PRETORIA■
Johannesburg●
WelKom●
LESOTHO
●MASERU

Bloemfontein●

S U D A F R I C A

Durban●

East London●
Port Elizabeth●

Lutzville●

Ciudad del Cabo●

O C É A N O

Í N D I C O

COMORES
MORONI●
*Is. Aldabra
(R. U.)*
Is. Cosmoledo
*Is. Glorieuses
(Francia)*
Is. (Seychelles)
●Mayotte
(Francia)
Antsiranana

Mahajanga●
Morondava
*Is. Europa
(Francia)*

ANTANANARIVO●
Fianarantsoa●
M A D A G A S C A R
Toamasina
20°
Toaliara
Taolañaro

O C É A N O

A T L Á N T I C O

MAURICIO
Rodríguez
(Mauricio)
●**PORT LOUIS** 20°
Is. Mascareñas
Reunión ●
(Francia)
Long. E. 60° de Gr.

60°   10°
●VICTORIA
SEYCHELLES
O C É A N O
*Is.
Amirantes*
Providence
50°
Farquhar
(R. U.)

Í N D I C O

*Cargados
Carajos
(Mauricio)*

*Tromelin
(Francia)*

30°
10°
Antsiranana●
MADAGASCAR

40°

1000 km

0   500   1000 km

Long. E. 20° de Greenwich

60°   50°   40°   30°   20°   10°   0°   10°

79

AMÉRICA DEL NORTE POLÍTICO

AMÉRICA DEL SUR FÍSICO

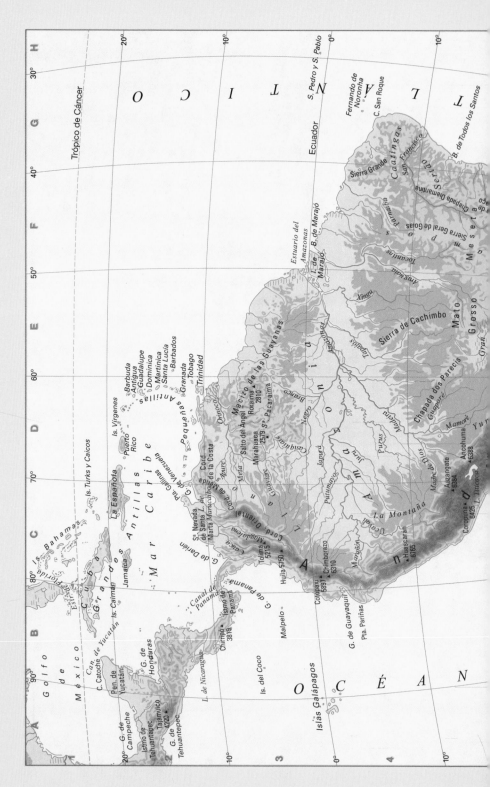

OCÉANO

Trópico de Capricornio

Trinidad
Is. Martim Vaz
C. Frío
Aguilhas Negras 2787
Sierra do Mar
Cat. del Iguazú
Lag. dos Patos
Lag. Merín
Río de la Plata
C. San Antonio
Uruguay
Paraná
Mesopotamia
Pilcomayo
Teuco
Salado
S.ª de Córdoba
Salado
Colorado
Negro
Bahía Blanca
G. de San Matías
G. de San Jorge
C. Tres Puntas
Tronador 3554
Aconcagua 6959
Ojos del Salado 6864
Llullaillaco 6739
Desierto de Atacama
Is. Desventuradas
San Félix · San Ambrosio
Arch. Juan Fernández

Is. Sandwich del Sur
Georgia del Sur
Is. Orcadas del Sur

Bahía Grande
Is. Malvinas
I. de los Estados
Tierra del Fuego
Navarino
Hoste
C. Hornos
Estrecho de Drake
Pen. Antártica

Chiloé
Arch. de Chonos
Pen. de Taitao
San Valentín 4038
Wellington
Patagonia
Cordillera
Estr. de Magallanes
L. Buenos Aires
L. Argentino
Viedma

PAMPA
Gran Chaco
Puna

PACÍFICO

Long. O. 90º de Gr.

1000 km

0

20º
30º
40º
50º

0º
10º
20º
30º
40º
50º
60º
70º
80º
100º
110º

20º
30º
40º
50º

6
7
8
9

85

AMÉRICA DEL SUR POLÍTICO

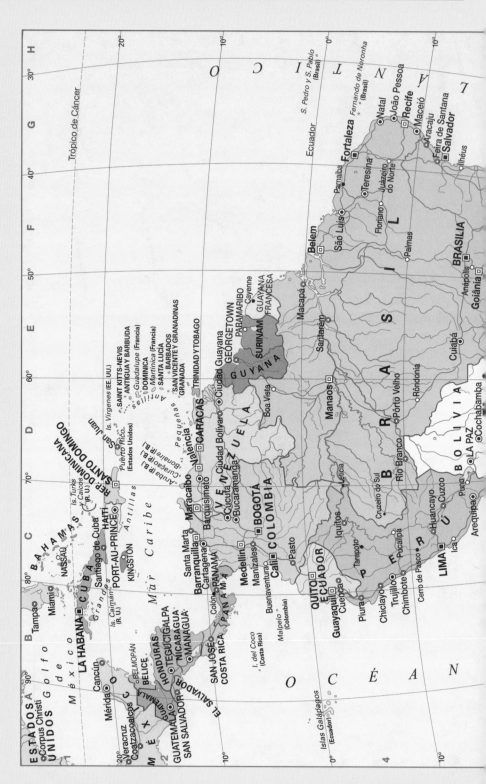

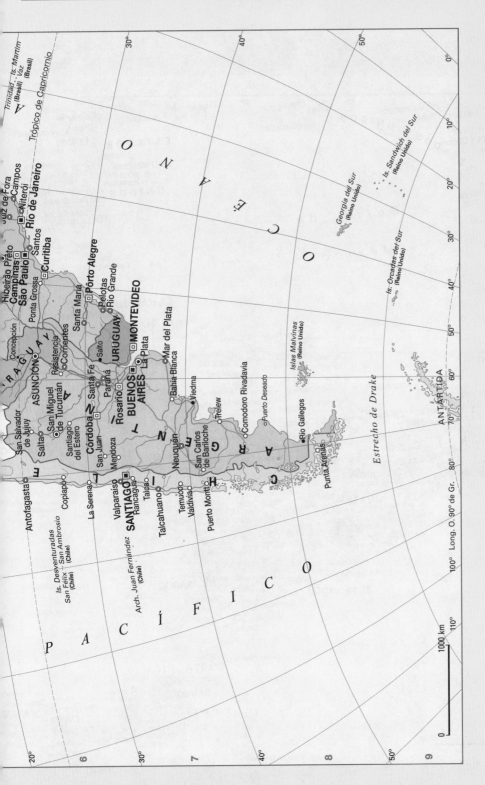

AMÉRICA CENTRAL Y ANTILLAS POLÍTICO

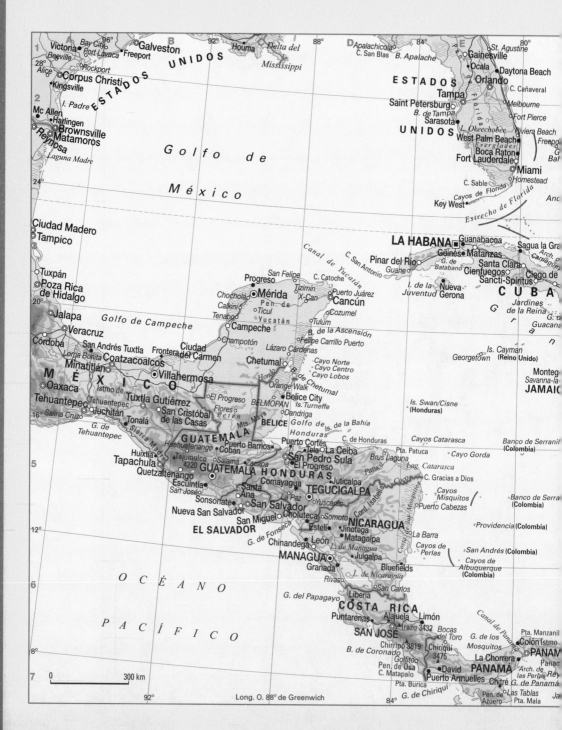

1
Victoria Bay City 96° Galveston B 92° Houma Delta del 88° D 84° St. Agustine 80° E
Beeville Port Lavaca Freeport Mississippi Apalachicola Gainesville
28° Rockport C. San Blas B. Apalache Ocala Daytona Beach
Alice Corpus Christi ESTADOS UNIDOS ESTADOS Orlando C. Cañaveral
Kingsville Tampa Melbourne
I. Padre Saint Petersburg Fort Pierce
Mc Allen B. de Tampa UNIDOS Riviera Beach
Harlingen Sarasota West Palm Beach Freepo
Brownsville L. Okeechobee Everglades Boca Raton Bal
Matamoros Fort Lauderdale
Reynosa Miami
Laguna Madre C. Sable Homestead
24° Key West Cayos de Florida
Golfo de Estrecho de Florida Anc
México
Ciudad Madero LA HABANA Guanabacoa Sagua la
Tampico Canal de Yucatán Güines Matanzas Arch. d
Pinar del Río G. de Santa Clara Camagüey
Tuxpán C. San Antonio Guane Batabanó Cienfuegos Ciego de
Poza Rica San Felipe C. Catoche Sancti-Spíritus
de Hidalgo Progreso Puerto Juárez I. de la Nueva CUBA
20° Mérida Tizimín Cancún Juventud Gerona Jardines
Jalapa Chocholá X-Can de la Reina G.
Golfo de Campeche Calkiní Pen. de Cozumel Guacana
Veracruz Tenabo Ticul Yucatán
Córdoba Campeche Tulum
San Andrés Tuxtla Champotón B. de la Ascensión Is. Cayman
Loma Bonita Fronteradel Ciudad Lázaro Cárdenas Felipe Carrillo Puerto Georgetown (Reino Unido)
MÉXICO Coatzacoalcos del Carmen Cayo Norte
Minatitlán Chetumal Cayo Centro Monte
Oaxaca Villahermosa Hondo Cayo Lobos Savanna-la
Tehuantepec Istmo de B. de Chetumal JAMAIC
16° Salina Cruz Tehuantepec Orange Walk Is. Swan/Cisne
Juchitán Tuxtla Gutiérrez El Progreso Belice City (Honduras)
Tonalá San Cristóbal BELMOPAN Is. Turneffe
G. de de las Casas Flores Dandriga
Tehuantepec Sierra Madre Petén BELICE Golfo de Is. de la Bahía
Mts. Maya Honduras Cayos Catrasca Banco de Serranil
GUATEMALA Puerto Barrios Puerto Cortés C. de Honduras (Colombia)
Huehuetenango Cobán Tela La Ceiba Pta. Patuca Cayo Gorda
Huixtla Tajumulco Salamá Zacapa San Pedro Sula Brus Laguna
Tapachula 4220 El Progreso Lag. Catrasca
Quetzaltenango GUATEMALA HONDURAS Juticalpa C. Gracias a Dios
Escuintla Comayagua Cayos Banco de Serra
San José Santa TEGUCIGALPA Misquitos (Colombia)
Sonsonate Ana La Paz Yuscarán Puerto Cabezas
Nueva San Salvador San Salvador Choluteca Somoto Providencia (Colombia)
San Miguel Estelí NICARAGUA
EL SALVADOR G. de Fonseca Chinandega Jinotega La Barra San Andrés (Colombia)
12° León Matagalpa Cayos de
MANAGUA L. de Managua Perlas Cayos de
Granada Juigalpa Bluefields Albuquerque
Rivas L. de Nicaragua (Colombia)
OCÉANO San Carlos
G. del Papagayo Liberia
COSTA RICA Limón
Puntarenas Alajuela Irazú 3432 Bocas Canal de Panamá
PACÍFICO SAN JOSÉ Chirripó 3819 del Toro G. de los Pta. Manzanil
B. de Coronado Chiriquí Mosquitos Colón Istmo
Golfito 3475 La Chorrera PANAM
Pen. de Osa David PANAMÁ Pana
7 0 300 km C. Matapalo Puerto Armuelles Chitré G. de Panamá Arch. de Rey
Pta. Burica Pen. de Las Tablas las Perlas
92° Long. O. 88° de Greenwich 84° G. de Chiriquí Azuero Pta. Mala Ja

Mar de los Sargazos

OCÉANO

ATLÁNTICO

Trópico de Cáncer

AHAMAS

baco
va Eleuthera
encia
SSAU

San Salvador

Long

Mayaguana

Paso Caicos

Is. Turks y Caicos (Reino Unido)

Pequeña Inagua
Gran Inagua

Is. Caicos

Is. Turks

go de Bahamas

agüey
unas
Holguín
Bayamo
Manzanillo
ño
Santiago
de Cuba

Baracoa
Guantánamo
I. de la Tortuga
Cap-Haitien
Gonaïves
Puerto Plata

Santiago de
los Caballeros

PUERTO RICO
(Estados Unidos)

Canal de la Mona

SAN JUAN

Arecibo

Paso de Anegada

Road Town
Anguilla (Reino Unido)
Saint Martin (Francia y Países Bajos)
St. Barthélemy (Francia)

KINGSTON

Spanish Town
Pen

Paso de los Vientos

G. de la Gonâve
Gonâve HAITÍ
PUERTO PRÍNCIPE
San Cristóbal
La Española

REP. DOMINICANA
La Romana
SANTO
DOMINGO
Barahona
C. Beata

Mayagüez

Caguas
Ponce

St. Croix

Is. Vírgenes
(Estados Unidos)

Saba
Sint Eustatius
(Países Bajos)

BASSETERRE

ANTIGUA Y
BARBUDA

SAINT JOHN'S

Montserrat
(Reino Unido)

SAN CRISTÓBAL Y NEVIS

Guadalupe
(Francia)

Paso de Guadalupe

Basse-Terre

La Española

Antillas

Islas de Sotavento

Aves
(Venezuela)

ROSEAU

DOMINICA

os Pedro

Canal de Jamaica

Martinica
(Francia)
Fort-de-France

CASTRIES
SANTA LUCÍA

Islas de Barlovento

Mar   Caribe

SAN VICENTE
Y LAS
GRANADINAS

KINGSTOWN

Is. Granadinas

GRANADA
SAINT GEORGE'S

BRIDGETOWN
BARBADOS

Pequeñas Antillas

Is. Los Monjes
(Países Bajos)
Pta. Gallinas

Aruba
(Países Bajos)

Antillas
Neerlandesas

Curaçao
(Países Bajos)

Bonaire
(Países Bajos)

Is. Los Roques

Blanquilla

Is. Los Testigos

Tobago
Scarborough

Puerto Estrella
Pen. de la
Guajira

G. de
Venezuela

Punto Fijo

Is. Las Aves

La Orchila

TRINIDAD Y TOBAGO
PORT OF SPAIN

Ríohacha

Puerto Cumarebo
Coro

Margarita
La Asunción

La Tortuga

Carúpano
Trinidad
San Fernando

Santa Marta

Dabajuro

Maiquetía
La Guaira

Cumaná
Puerto la Cruz

G. de Paria

Barranquilla
Soledad

Sª Nevada de
Santa Marta

Maracaibo

Cabimas

Maracay
Valencia

CARACAS
Los Teques

Barcelona

Maturín

Cartagena

Valledupar

Ciudad Ojeda

Barquisimeto

San Carlos
Acarigua

San Juan de
los Morros

Zaraza

Cantaura

San José de Guanipa

Delta del
Orinoco

Pta. Baja

El Carmen
de Bolívar
Sincelejo

Agustín Codazzi
Plato

Machiques

L. de
Maracaibo

Valera

Guanare

El Tigre

Orinoco

Ciudad Guayana

Upata

Guasipati

Magangué
Montería

Mompós

San Carlos

Mérida

Barinas

Ciudad de Nutrias

San Fernando
de Apure

Ciudad Bolívar

VENEZUELA

Coroní

El Callao

El Dorado

Turbo
Apartado

Caucasia

Cúcuta

San Cristóbal

Apure

Orinoco

Caicara de Orinoco

GUYANA

COLOMBIA

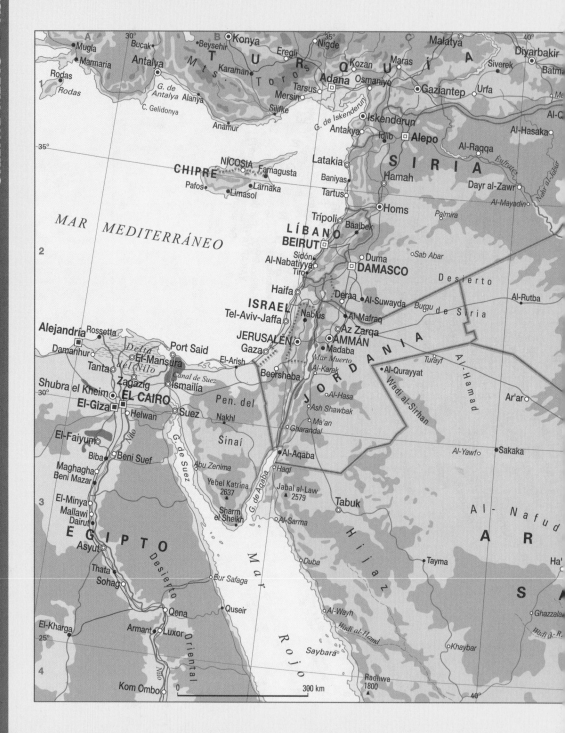

Mugla
Marmaria
Rodas
Rodas
Antalya
G. de Antalya
Alanya
C. Gelidonya
Anamur
Bucak
Beysehir
Karaman
Toro
Silifke
Konya
Ereglı
Nigde
Tarsus
Mersin
Adana
Kozan
Osmaniye
Antakya
Idlib
Iskenderun
G. de Iskenderun
Malatya
Maras
Siverek
Gaziantep
Urfa
Diyarbakir
Batma
Al-Hasaka
Alepo
Al-Raqqa
Eufrates
NICOSIA
Famagusta
CHIPRE
Pafos
Larnaka
Limasol
Latakia
Baniyas
Tartus
Trípoli
Baalbek
LÍBANO
BEIRUT
Sidón
Al-Nabatiyya
Tiro
Hamah
Homs
Palmira
Dayr al-Zawr
Al-Mayadin
SIRIA
Desierto
Sab Abar
Duma
DAMASCO
Burgu de Siria
Al-Rutba
Al-Suwayda
Deraa
Haifa
ISRAEL
Tel-Aviv-Jaffa
Nablus
Al-Mafraq
Az Zarqa
AMMÁN
Madaba
JERUSALÉN
Gaza
Mar Muerto
Al-Karak
JORDANIA
Al-Hamad
Al-Rutba
Ar'ar
MAR MEDITERRÁNEO
Alejandría
Rossetta
Damanhur
Tanta
Delta del Nilo
Port Said
El-Mansura
Zagazig
Ismailía
El-Arish
Beersheba
Al-Hasa
Ash Shawbak
Turayf
Al-Qurayyat
Wadi al-Sirhan
Al-Yawf
Sakaka
Shubra el Kheim
EL CAIRO
El-Giza
Suez
Helwan
Nakhl
Pen. del
Sinaí
Ma'an
Gharandal
El-Faiyum
Biba
Beni Suef
Abu Zenima
G. de Suez
Al-Aqaba
Haql
Jabal al-Law
2579
Tabuk
Al-Nafud
Maghagha
Beni Mazar
Yebel Katrina
2637
Sarma
El-Minya
Mallawi
Dairut
Sharm el Sheikh
G. de Aqaba
EGIPTO
Asyut
Thata
Sohag
Desierto Oriental
Duba
Tayma
Ha'
Mar Rojo
Hijaz
AR
SA
El-Kharga
Qena
Quseir
Al-Wayh
Ghazzala
Armant
Luxor
Saybara
Khaybar
Kom Ombo
Radhwa
1800
Nilo

0   300 km

L. Van ○ Van | Khvoy | ● Marand | 45° | Sabalan 4814 | ○ Ardabil | 50° | E | Mar Caspio | F | 55° | TURKMENISTÁN | Gasan-Kuli
Tabriz | ○ Maragheh | Miane | ○ Rast | Mts. Talis | Gurgan
Côlemerik | L. Urmia | Miandoab | Qazed Oran | Montes Elburz | Babol Sari | Amol | ○ Gorgan
○ Zaju ● Dahuk | Orumiye | Zarrine | Zanjan | Qazvin | Damganvad 5604 | Damgan
Afar | Mahabad | Saqqiz | Takestán | Karaj ○ | TEHERÁN □ | Eslamsahr | Semnan | 35° | Dasht-e-Kavir
Mosul ○ | ● Irbil | Koysanyak | Save | Gamsar | Yardaq
Qayyarah | Al-Sulaymaniyya | Sanandaj | Razan | Qom ○ | L. Namak | Khurasán
I-Sharga | Kirkuk | Halabya | Hamadán | Malayer | Arak | Deliyan | Kashan | Ardestán | Adarak
adithah | Tikrit | Tawuq | Kifri | Al-Maqdadiyah | Kermansah | Borujerd | Meime | Jomeinisahr | Na'in
lit | Samarra | Baquba | Ilam | Khorramabad | Najafabad | Isfahan □ | Ardakán
Al-Falluya | Al-Kazimkiyah | BAGDAD | Mehran | Zarrin Sahr | Yard
Al-Ramadi | Al-Kut | Dezful | Qomse | Shir Kuh 4070▲
RA Karbala | Al-Hilla | Al-Havy | Masjed-e-Soleyman | Abadeh
Al-Kufah | Al-Diwaniyya | Al-Amara | Karun | Mts. Rud | Deh Bid
Al-Najaf | Al-Satra | Qala Salih | Ahvaz | Zardeh Kuh 4547 | Zagros
As-Samawah | Al-Nasiriyya | Khorramshahr | Behbahan
Suq al-Suyuj | Hawr al- | Hamma | Marvdast
As-Salman | Basora | Abadán | Khomeynishahr | Siraz □
Al-Zubayr | Bandar-i-Deilam | Kazerun | Firuzadab
Al-Busayyah | Umm Qasr | Bubiyan | Ganave | Borazjan | Fasa
KUWAIT | Al-Yahra ○ | KÚWAIT | Busehr | Jahrom
Al-Farwaniyah | Mina al-Ahmadi | Deyyer
Al-Qaysuma | Al-Wafra | Nai Band
Al-Mish'ab | Golfo Pérsico | Lavan | Bandar-e-Lengeh
Al-Sarqiyya | Al-Yubayl | Al-Qatif ○ | MANAMA
Burayda | Al-Dahna | Damman ○ | BAHREIN | QATAR
Unayza | Al-Jubar | Dhahran
Al-Mubarraz | DOHA ○ | Al-Wakrah
Saqra | Hufuf | Umm Said | 25°

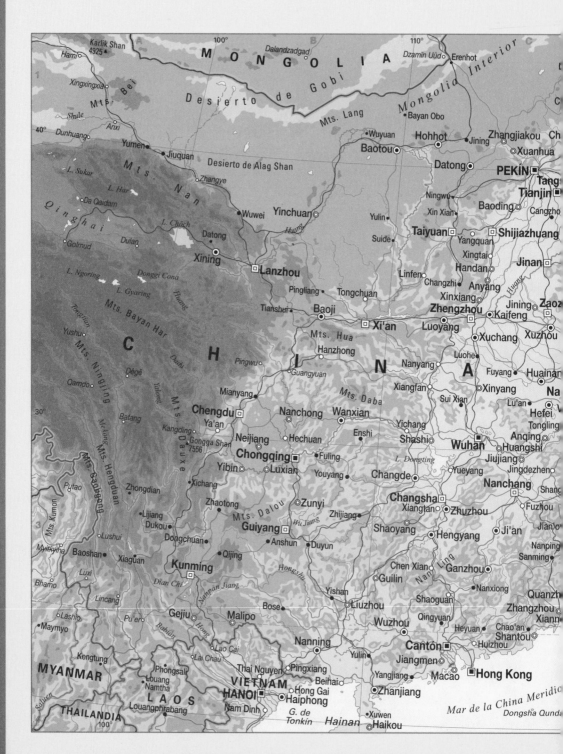

EUROPA FÍSICO

A 60° B 30° C 20° D 10° E 0°

1

C. Horn
Islandia
Vatnajökull
Hvannadalshnúkur
2119

Círculo Polar Ártico

40°

50°

O C É A N O

Is. Feroe

Mar de Noruega

Trondhein

A T L Á N T I C O

Is. Shetland

Sognefjord
Glitt
2470

2

Islas Británicas

Is. Hébridas
C. Wrath
Is. Órcadas
Hardangerfjord
Boknfjord

Canal del Norte
C. de Kinnaird
C. Lindesnes

Mar

B. de Donegal
C. Malin
Firth of Forth

del

B. de Galway
Gran
Mts.
Peninos
Norte

Irlanda
Man

Skag

C. Mizen
Bretaña
The Wash
Is. Frisias

Canal de San Jorge
Gales
Frisia

C. de Bristol
Támesis

Land's End
Granvalles
Paso de Calais

Is. Anglo-Normandas
Canal de la Mancha
Mosa

Pta. St. Mathieu
G. de St. Maló
Ardenas

20°

Bretaña
Normandía
Cuenca
de
Lorena

Islas Azores

Loira
París
Jura de Suabia

38°

Meseta
de
Langres
de Consta

Long. O. 28° de Greenwich

C. Finisterre
Mar Cantábrico
G. de Vizcaya
L. de Ginebra
Alpes Berneses
Bernina
Marmol

Córdoña
M. Blanco
M. Rosa
4807
4634

3

Picos de Europa
Llanura
de
Aquitania
Macizo
Pelvoux
4103

33°

Cord. Cantábrica
Central
Cévennes
Llanur del Po

Islas Madeira

Esla
Meseta
Norte
Sistema Ibérico
Cord. del Mediodía

Duero

Long. O. 17° de Gr.

Península
Sistema Central
Aneto
G. de León
G. de
Génova

3404
C. de Creus

C. de Roca
M. Cinto
2710
Córcega

Ibérica
Meseta
Sur

C. San Vicente
Guadiana
La Mancha
Júcar
Islas Baleares
Menorca
Estr. de Bonifacio

Sierra Morena
Ibiza
Mallorca
Cerdeña

G. de
Formentera

Cádiz
Guadalquivir

Estr. de Gibraltar
Cord. Penibética
Mulhacén
C. de Palos
M A R
Tirre

3479
C. de Gata
Atlas Telliano
C. Teulada
Is. Egadas

Islas Canarias
C. Blanco
C. Bon
Pantela

Chelin
M E D
Pela

28°
10°
Atlas Medio
C. de
Is. Pelag

Alto Atlas
Wadi Muluya
Atlas Sahariano
Moyergo

Long. O. 16° de Greenwich
0°
Long. E. 10° de Greenw

POLÍTICO ● EUROPA

OCÉANO ATLÁNTICO

Islas Azores
(Portugal)

Long. O. 28° de Greenwich

Islas Madeira
(Portugal)

Long. O. 17° de Gr.

Islas Canarias
(España)

Long. O. 16° de Greenwich

ISLANDIA
REYKJAVIK
Akureyri
Círculo Polar Ártico

Mar de Noruega

Alesund
Bergen
Haugesund
Stavanger
Dramm
OS

Mar del Norte
DINAMA
COPENHA
Odense

Glasgow
Aberdeen
Dundee
Londonderry
Edimburgo
Belfast
REINO
UNIDO
Newcastle-upon-Tyne
IRLANDA
DUBLÍN
Liverpool
Leeds
Manchester
Sheffield
PAÍSES
BAJOS
HAMBURG
Kiel
Cork
Birmingham
Cardiff
Oxford
AMSTERDAM
Brem
Hannover
Bremen
ALEMANIA
Bristol
Plymouth
Portsmouth
LONDRES
Rotterdam
BRUSELAS
Dortmund
Le Havre
BÉLGICA Lieja
Düsseldorf
Colonia
Lei
Brest
LUXEMBURGO
LUXEMBURGO
Frankfur
PARÍS
Reims Metz
Mannheim Nuren
Le Mans
Orleans
Estrasburgo
Stuttgar
Nantes
Tours
Mulhouse
Zürich
Munich
Salz
Dijon
BERNA
LIECHTENST
FRANCIA
Limoges
Lyon Ginebra
SUIZA
Burdeos
Clermont-Ferrand
Milán
Verona
A Coruña
Gijón Santander
Grenoble
Turín Génova
Venecia
Bolon
Vigo
Oviedo
León
Bilbao
Toulouse
Marsella
Niza
La Spezia Florenc
Braga
Oporto
Valladolid
Burgos
ANDORRA
LA VELLA
Nimes
Tolón
MÓNACO
Livorno
Coimbra
Salamanca
Zaragoza
Perpiñán
Ajaccio
ITAL
PORTUGAL
Getafe
MADRID
Terrassa
Sabadell
CIUDAD
DEL
LISBOA
Évora
Barcelona
VATICANO Ro
Setúbal
Beja
ESPAÑA
Tarragona
Náp
Córdoba
Valencia
Sassari
Faro
Sevilla
Murcia
Palma de
Mallorca
Cagliari
Cádiz
Málaga
Cartagena
Alicante
Almería
MAR
MEDI
Tánger
Tetuán
Mustaganim
ARGEL
Palerm
Kenitra
RABAT
Fez
Orán
Constantina
Annaba
Bizerta
Casablanca
Meknes
Uyda
Sidi Bel Abbés
Stif
TÚNEZ
LA VALE
Tilimsen
MARRUECOS
ARGELIA
Kairuán
Susa
Long. E. 10° de Greenwich
TÚNEZ

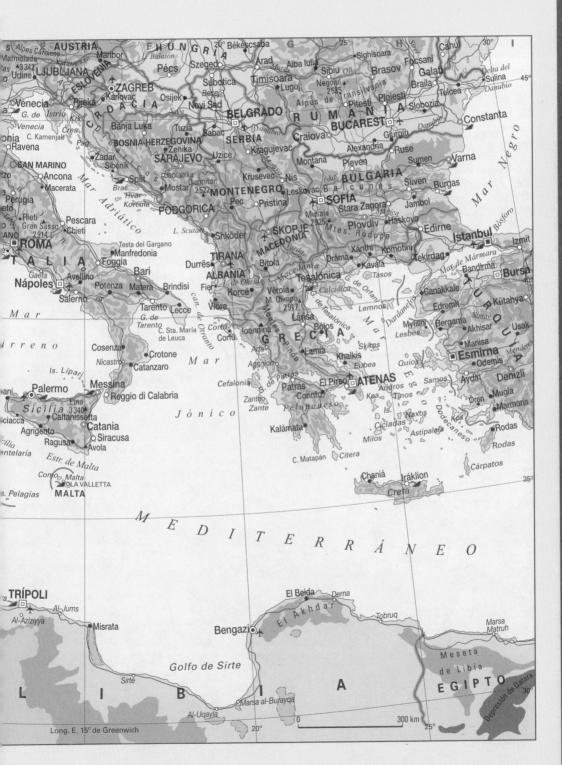

180° H 170° I Islas Hawaii J 150° K 140° L Trópico de Cáncer

Nihoa Kuai
Niihau Oahu Molokai
Maui
Hawaii

20°

A N O · Johnston
o
I
n
o

10°

Palmyra

· Teraina
· Tabuaeran

· Christmas

Howland
· Baker
Winslow
lbert F I Jarvis Ecuador 0°
n C
anumea Is. Fénix Malden
fetau e · Starbuck
unafuti Is. Tokelau s
Atafu
Nukunonu · Fakaofo Penrhyn
otuma Pukapuka Rakahanga Vostok Caroline Is. Marquesas
Uvéa Manihiki
Is. Samoa Flint· Hiva Oa
Savai s Suwarrow
Upolu C
nua Levu Is. Takaroa · Napuka
Is. o Is. de la Sociedad Niau Pukapuka
Lau Palmerston· o Makatea Fangatau
Navu Niue k Bora Tahiti Ravahere Hao
Tongatapu Is. Tonga Béveridge Mitiaro T
Trópico de Capricornio Rarotonga Is. del Duque
Mangaia de Glouscester Vanavana
Minerva Rurutu Tematangi Mururoa · Marutea
Tubuai Raevavae Is. Gambier
Is. Tubuai
Kermadec · Rapa · Oeno Is. Pitcairn Ducie
· Bass Pitcairn

30°

Is.
Chatham

ng. E. 180° O de Gr. 170° 160° 150° 140° 40° 130° 0 1000 km

180° H 170° I J 150° K 140° L

Trópico de Cáncer

Honolulu
(Estados Unidos) ●Hilo

Islas Hawaii

20°

A

· Johnston
(Estados Unidos)

P

A

C

Í

F

I

C

O

10°

Palmyra (Estados Unidos)

Islas

· Christmas

Línea

Howland (Estados Unidos)
· Baker (Estados Unidos)

Jarvis
(Estados Unidos)

Ecuador

0°

K

I

R

I

B

A

T

I

F

Is. Fénix

lbert

A

L

U

VAIAKU U

Is. Tokelau
(N. Zelanda)

Is. Marquesas

10°

SAMOA
AMERICANA
(Estados Unidos)

SAMOA

S

Mata-Utu
Wallis y Futuna
(Francia)

APIA ·Pago Pago

·

P O L I N E S I A

Is. Tuamotú

DJI
SUVA·

· Is.
Lau

TONGA

Is. Tonga

NUKU'ALOFA

C
O
O
k
(N. Zelanda)

Niué
(N. Zelanda)

Is. de la Sociedad

Tahiti
Papeete

F R A N C E S A

Trópico de Capricornio ○ Avarua○

Is. del Duque
de Glouscester

Is. Tubuai

Is. Gambier

20°

Kermadec
(N. Zelanda)

Is. Pitcairn
(Reino Unido)

uranga
· Gisborne

UEVA

30°

Is.
Chatham
(N. Zelanda)

0   1000 km

POLO NORTE

La región ártica comprende Groenlandia y algunos archipiélagos, pero fundamentalmente se trata de una zona marítima (océano Glacial Ártico) que, debido a las bajas temperaturas, está helada de manera permanente (banquisa). El límite de la banquisa permanente se extiende entre 1 000 y 2 000 km alrededor del polo norte, pero según las últimas observaciones se encuentra en retroceso, debido al cambio climático que se verifica en todo el planeta, una de cuyas consecuencias es un aumento de la temperatura que derrite el hielo.

❶ *La Dorsal de Lomonósov es una de las grandes cordilleras de hielo del océano Glacial Ártico, con una altitud media de más de 3 000 metros.*

❷ *La primera persona que alcanzó el polo Norte fue el estadounidense Robert Peary, en 1909. En 1958, el submarino atómico estadounidense Nautilus lo alcanzó bajo los hielos del océano Glacial Ártico.*

❸ *La Tierra de Francisco José recibe también el nombre de archipiélago de Nansen. Este territorio fue descubierto en 1873, por los austríacos Payer y Weyprecht, y declarado soviético (actualmente ruso) en 1926. Comprende unas 60 islas, las principales de las cuales son Wilczek, Alexandra, George y Graham Bell.*

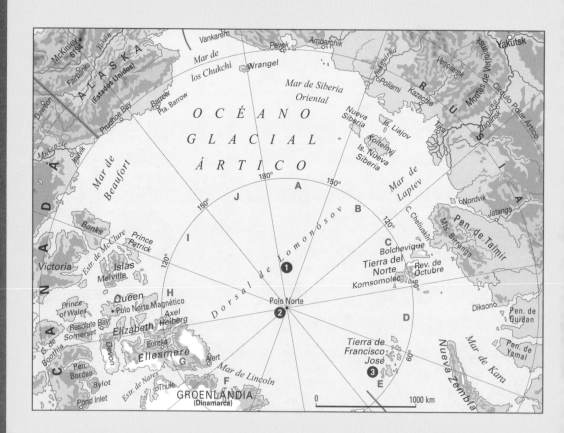

GROENLANDIA

Territorio autónomo de Dinamarca desde 1979, en 1985 se retiró de la Comunidad Económica Europea, a la que sólo está asociado. Isla, la mayor del planeta, de América, forma parte de las tierras árticas: su clima es polar, y las temperaturas máximas, en julio, no superan los 8°C. Una gran parte está cubierta por una capa de hielo, y la roca sólo es visible en los bordes de la isla. El peso del hielo ha deprimido la zona central hasta los 300 metros bajo el nivel del mar. Los recursos económicos son la pesca y las industrias conserveras.

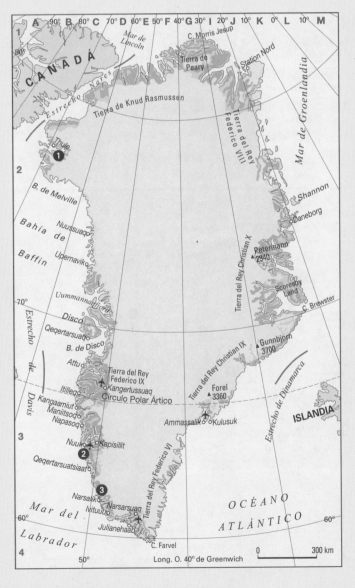

❶ *En Thule se estableció en 1951 una base militar aérea de Estados Unidos. Construida en sólo 100 días y en total secreto, constituyó una pieza básica de la carrera armamentística disputada con la Unión Soviética durante la guerra fría.*

❷ *La costa oeste de Groenlandia reúne alrededor del 90% de la población de la isla, en cuya capital, Nuuk, viven unos 15 000 habitantes. En el litoral no son raros los pueblos con apenas unas decenas de personas.*

❸ *En 988 el noruego Erik el Rojo se instaló en los fiordos del sudoeste con colonos campesinos islandeses, que convivieron con los esquimales hasta que desaparecieron hacia 1450, a consecuencia de un enfriamiento del clima.*

ANTÁRTIDA

La Antártida es un enorme conjunto continental, mayor que Europa, centrado en el polo sur. En su mayor parte se encuentra cubierto de hielo y su clima frío es el más riguroso del planeta. La única población permanente es la que habita diversas bases científicas. En 1934 se acordó repartir el continente entre los estados que habían participado en su descubrimiento y diversos del hemisferio sur, pero los sucesivos conflictos condujeron a la firma del tratado de la Antártida, en 1959, que le otorgaba un estatuto internacional y estipulaba su desmilitarización y desnuclearización. Además, en 1991, se firmó el protocolo de Madrid, por el que la Antártida fue declarada libre, durante cincuenta años, de cualquier explotación comercial y se convertía en un lugar dedicado exclusivamente al estudio de la biosfera.

1 *Situado en las proximidades de los Montes Príncipe Carlos, el glaciar Lambert es el mayor del mundo. Alcanza los 80 kilómetros de anchura al borde del mar y unos 300 kilómetros en el interior.*

2 *Casi la mitad del litoral de la Antártida está limitado por barreras de hielo, como la de Ross, que cierra una bahía helada que se adentra hacia el polo Sur.*

3 *El polo Sur fue alcanzado por primera vez en 1911 por el noruego Roald Amundsen, y unos meses más tarde por el británico Robert Scott, que falleció durante el regreso. En la actualidad, una base científica de los Estados Unidos que lleva el nombre de ambos exploradores está situada en este punto.*

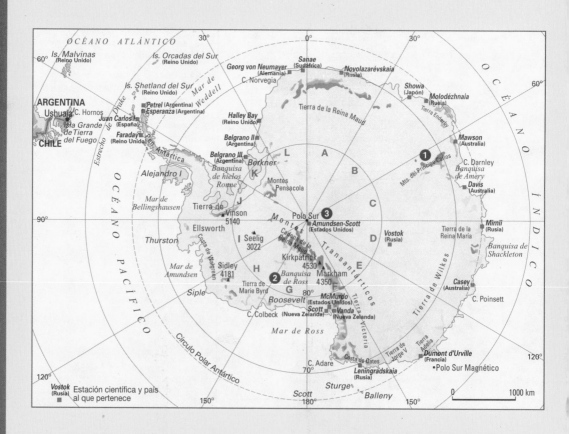